JEANNE D'ARC

Claude Messina

La Spiga languages

Jeanne d'Arc

Jeanne, dite " la Pucelle " d'Orléans, est née vers la fin de 1412, à Domrémy, petit village de la Lorraine. C'est une enfant vive et gaillarde mais pieuse. Un jour (1425) elle entend des voix et a des visions. Elle en est bouleversée car ces voix lui disent d'aller voir le Dauphin de France, Charles VII, et de bouter les Anglais hors du royaume. Elle va à Chinon où réside le roi, le convainc de former une armée et libère Orléans, ville stratégiquement importante pour les Français. Sa route continue. Elle arrive à Reims pour y faire sacrer le roi, le 17 juillet 1429. Charles n'est pas homme de guerre dans cette première phase de son règne. Il laissera la Pucelle seule mener d'autres batailles, isolées et pas toujours glorieuses. Elle sera capturée devant Compiègne, le 23 mai 1430, par les Bourguignons, alliés des Anglais. On lui intente un procès de foi pour discréditer le sacre de Charles VII, à Rouen, à huis clos sous la conduite de l'évêque Cauchon. Elle sera brûlée vive le 30 mai 1431 sans avoir renié ses voix.

1. À Domrémy on ne l'a jamais oubliée

À Domrémy — et certainement pas seulement à Domrémy, cela doit être ainsi dans tous les villages de France — se trouve un arbre sous lequel on aime se retrouver, le soir ou dans les heures creuses[1] de la journée, pour bavarder sur les uns et les autres, pour se confier des secrets aussi, pour se voir en cachette[2], à l'écart[3] des curieux. L'arbre confident de Domrémy, c'est un pommier près de la fontaine. Il a une histoire particulière qui a bouleversé et qui bouleverse encore tout le village et disons même tout le pays. Dans l'écorce[4] d'ailleurs, des signes y sont gravés, une croix, quelques dessins. Que peuvent ils bien signifier ? On dit que cet arbre est sacré. On l'appelle l'arbre des fées. Certains racontent aussi qu'il y a eu des apparitions de saints, jadis[5]. Mais depuis que la guerre* est finie dans la région, personne n'a jamais plus parlé de telles manifestations : des notables étrangers venaient souvent importuner les villageois par leurs questions embarrassantes. Et ce lieu chargé de mystères est resté abandonné.

Mais c'est sous cet arbre que ce soir, 30 mai, Jacques d'Arc, le responsable de la petite communauté, a réuni les villageois. Il souhaite d'abord la bienvenue à des amis de passage, à Frère Martin, un moine[6] très lié à la famille d'Arc, au vieux servant en armes et compagnon, Pierre de Pourcy, et à Jean de Metz, ancien capitaine d'armes. Mais Jacques s'arrête de parler à présent, trop ému[7] pour continuer ; le 30 mai est une bien triste date pour lui et pour tout le village. Il laisse à ses amis le soin[8] de prononcer quelques mots à sa place. Car c'est de Jeanne qu'il s'agit, sa fille, qui était partie

---

1. **creux, -se** : (adj. et n. m.) trou, vide à l'intérieur.
2. **en cachette** : (loc.) qui est caché, qui ne se voit pas.
3. **à l'écart** : (loc.) à une certaine distance.
4. **écorce** : (n. f.) la surface du tronc de l'arbre.
5. **jadis** : (adv.) il y a longtemps.
6. **moine** : (n. m.) religieux.
7. **ému** : (part. pass.) pris par l'émotion.
8. **laisser le soin** : (loc.) déléguer quelqu'un, pour faire quelque chose.

en guerre, voilà bien longtemps, bouter[9] les Anglais hors du royaume de France, au sacrifice de sa vie.

Tous, hommes, femmes, enfants rassemblés autour de l'arbre des fées écoutent. Eux aussi se souviennent de Jeanne. La nuit va tomber et seul le bruissement[10] des feuilles secouées[11] par un vent léger se fait entendre.

---

* Notre histoire se déroule pendant la guerre de Cent Ans qui a débuté en 1337 pour prendre définitivement fin après une trêve de cinq ans en 1453, quand les dernières villes normandes sont libérées de la présence anglaise. Les populations côtières des deux pays eurent pourtant durant des décennies de perpétuels conflits locaux.

---

2. Est-ce vrai qu'elle s'est habillée en homme ?

Je l'ai suivie partout, pendant deux ans, intervient Jean de Metz, puis on l'a capturée et emmenée en terre ennemie sans que nous puissions la défendre. J'ai su qu'elle avait tenté deux fois de s'évader. Elle est restée fidèle à notre roi Charles* jusqu'à la mort. Je lui avais appris la langue de France ainsi elle participait au conseil du roi. Elle faisait merveille de son corps en maniant les armes sur le champ de bataille et tenait la bannière avec fierté, toujours devant, nous encourageant. C'est vrai qu'elle s'est habillée en homme, en soldat, qu'elle a désobéi à la loi pour cela, qu'elle a menacé l'ordre et l'autorité des nobles. L'habit sert à se faire reconnaître, c'est la loi. Une femme n'a pas le droit de commander. Jeanne a pris ce droit de par le roi du Ciel. Était-elle censée[1] apparaître au milieu des hommes comme

---

9. **bouter** : (v.) chasser.
10. **bruissement** : (n. m.) bruit léger, ce que fait le vent.
11. **secouer** : (v.) agiter, remuer, bouger.

1. **être censé** : (adj.) être obligé.

une femme, objet de désir et être inférieur ? Nous, les soldats, loin de nos familles et foyers, nous avions souvent bien envie d'abuser d'elle. Elle s'est faite homme pour se protéger et accomplir sa mission…

—Pourquoi Dieu a-t-il voulu qu'elle soit brûlée ? demande une jeune-fille, interrompant le capitaine. Et C'est Frère Martin, le moine, qui lui répond. Jean de Metz s'éloigne. Il ne veut pas montrer sa peine.

—Parce que, vois-tu, ma petite, Frère Martin avance et se place maintenant à proximité du tronc de l'arbre des fées, il y a eu une grande bataille non seulement entre les nobles seigneurs mais aussi entre les hommes d'Église. Dieu a voulu donner la victoire au sacrifice et à l'innocence, à la simplicité. Jeanne a osé faire affront au clergé, à la noblesse, au Tiers État, proclamant avec fureur que Dieu est le roi du monde, que c'était à Lui seul qu'elle obéissait car c'était Lui qui la guidait par les voix des saints. Elle a renié la souveraineté de l'Église et rejeté l'autorité des juges de la Grande Inquisition parce que leur langage ne lui semblait pas propre. Les juges n'ont pas compris. Ils se sont sentis menacés dans leur foi et leur pouvoir. Ils ont vu en elle la présence du Diable. Cela lui a coûté la vie mais le peuple l'aime et l'adore et ne l'a pas oubliée.

—Cauchon a voulu mettre le Diable dans le camp français pour discréditer le roi Charles ! interrompt brusquement Pierre, le vieux servant en armes, et Jeanne a été traduite en procès de foi.

—Elle s'est tout de même tachée[2] de sang, dit une mère de famille promptement, et a incité à le répandre. Elle a quitté sa famille. Elle a désobéi.

—Oui, tu as raison Catherine, tu dis cela en pensant à tes filles et à cette pauvre Zabilet qui est dans un couvent à présent, reprend calmement Frère Martin, Jeanne est partie pour aller se battre, elle a certainement tué mais au nom de Dieu, pour les pauvres gens. Ne la blâmons[3] pas ! A-t-elle

---

2. **tacher :** (v.) faire une tache, salir.
3. **blâmer :** (v.) critiquer, désapprouver.

donc été vraiment coupable d'orgueil et de prétention comme lui ont reproché ses accusateurs ? Elle était jeune, elle s'est peut-être laissée aller.

—Elle a donné la victoire à la France, ajoute tristement Jean de Metz qui est revenu au milieu du cercle, le roi l'a pourtant abandonnée.

—Bourgogne l'a cédée à Cauchon pour dix-mille livres ! s'empresse de dire Pierre avec force. Ne pouvions-nous pas nous aussi payer pour la libérer ?

—Elle aurait dû revêtir l'habit de femme, abjurer, elle serait encore vivante, poursuit le capitaine d'une voix plus marquante à présent, mais hélas au fond d'une cage ! Elle a préféré tenir l'habit de soldat, son habit noir, c'est ainsi que je me la rappelle ! Elle a préféré la libération de la mort à la captivité, à la ruse[4], au piège que lui tendait Cauchon, le bûcher[5] à la cage que lui avait construite l'Anglais.

—Mais c'est Dieu, continue Frère Martin, qui a dicté cela... et avant de mourir elle a souri[6]...

Les mots sont tombés promptement, puis le silence s'est installé à nouveau et ils ont tous baissé la tête, les villageois, certains prient[7], d'autres ont du mal à retenir les larmes... Laissons-les à leur recueillement !

---

* Charles VII (1403-1461), roi de France, de la famille des Valois, fils de Charles VI – sa légitimité est contestable selon le traité de Troyes – il est reconnu par les Armagnacs et bénéficie du soutien de Jeanne d'Arc. Il devient l'un des protagonistes de la guerre de Cent Ans et réussit à libérer la France de l'occupant anglais. Il fortifiera par la suite l'armée française et limitera le pouvoir du pape sur l'Église de France.

---

4. **ruse** : (n. f.) moyen habile employé pour tromper.
5. **bûcher** : (n. m.) amas de bois sur lequel on brûle les morts et les personnes condamnées au feu.
6. **sourire** : (v.) prendre une expression de bonheur en étirant la bouche.
7. **prier** : (v.) s'adresser à Dieu pour l'adorer, pour lui demander la grâce.

3. Partons maintenant à la recherche de Jeanne et de son histoire !

Que s'est-il passé réellement ? Il y a quelque chose de mystérieux dans cette histoire, qui fascine, même au temps moderne, au seuil du deuxième millénaire. Nous remontons ainsi le fil du temps à la découverte de traces tangibles. Nous aimerions retrouver ce personnage qui nous séduit dans son authenticité, à l'aube de sa si brève existence.

Il n'est pas très difficile de la rencontrer, Jeanne, puisque son histoire paraît en maintes versions. Suivons les routes[1] poudreuses[2] et les chemins[3] pierreux[4] de France ! On dit qu'ils détiennent secrètement certaines vérités, car notre héroïne, elle-même, est passée par là, à la tête de ses honorables chevaliers. Et comme les histoires, surtout les plus anciennes, on le sait bien, circulent au bon gré[5] des voyageurs errants, des marchands, des pèlerins, des moines, des étudiants, qui en sont les vecteurs, alors marchons avec eux, suivons-les ! À l'aide de notre imagination aussi !

Il ne faut pas avoir peur de la boue[6] ni des cailloux pointus[7], bien entendu, car à l'époque, c'est évident, les routes n'étaient pas bitumées[8]. Prenons garde surtout de ne pas tomber dans une embuscade, les routes ces temps-ci ne sont pas bien fréquentées. Nous nous déplaçons en convois donc, avec prudence, sur ces chars chargés d'étoffe et de métal, qui traversent les campagnes, les rivières et puis qui s'arrêtent dans les villages. Et pour dormir ? Il faut se coucher au hasard puisqu'on n'est pas suffisamment riche pour les

1. **route** : (n. f.) parcours, itinéraire pour aller d'un lieu à un autre.
2. **poudreux** : (adj.) recouvert de matériau fin et léger, de poudre.
3. **chemin** : (n. m.) petite route, trajet.
4. **pierreux** : (adj.) couvert de pierres (voir *caillou*).
5. **au bon gré** : (loc.) comme ils le veulent bien.
6. **boue** : (n. f.) la terre pleine d'eau, qui forme une masse molle et collante.
7. **caillou pointu** : (n. m. et adj.) petite pierre, masse de matériau très dur en pointe, composant la terre.
8. **bitumé** : (adj.) recouvert d'asphalte.

auberges[9]. Même dans les églises quelquefois on peut passer la nuit. Et les villageois offrent toujours bien volontiers l'hospitalité, en échange de denrées[10] et de matériaux indispensables au façonnage[11] d'outils et d'ustensiles, d'autant plus que ces errants amènent la vie et la réjouissance[12] dans leurs villages par des chansons et des récits si précieux aux populations isolées.

Nous vivons là en effet une époque émaillée[13] de faits troublants, tantôt[14] tangibles parce que plus proches de la réalité de tous les jours, tantôt invraisemblables parce que trop lointains de son cadre de vie. Maintes[15] nouvelles sont bonnes et l'on s'en réjouit, d'autres sont fort malheureuses. Il y en a bien eu des fléaux[16], dans le passé, comme les épidémies, la peste, qui ont dévasté les populations.

Actuellement en France, la guerre fait rage, sans fin. Le peuple est inquiet. On se pose mille questions. Est-ce un châtiment[17] de Dieu ? Doit-on faire pénitence ? Et pour combien de temps ? Y a-t-il au moins espoir de paix ? Pendant combien de temps encore à cette région de la France seront épargnés[18] massacres et saccages ? On ne sait trop par quel miracle, les chefs des armées ennemies et les bandes vagabondes d'écorcheurs[19]* ont pu oublier cette langue de terre à l'est de la France, contiguë à la Lorraine, appelée Barrois, où nous venons enfin d'aboutir[20].

---

9. **auberge** : (n. f.) hôtel restaurant d'aspect campagnard.
10. **denrée** : (n. f.) produit alimentaire.
11. **façonnage** : (n. m.) fabrication.
12. **réjouissance** : (n. f.) divertissement, joie.
13. **émaillé** : (adj.) parsemé, qui se trouve un peu partout.
14. **tantôt… tantôt** : (adv.) à certains moments et à d'autres moments.
15. **maintes** : (adj.) beaucoup.
16. **fléau** : (n. m.) calamité.
17. **châtiment** : (n. m.) punition.
18. **épargné** : (part. pass.) évité.
19. **écorcheur** : (n. m.) celui qui écorche, qui enlève la peau d'un animal, *ici* celui qui fait payer trop cher.
20. **aboutir** : (v.) arriver à la fin.

4. Quand Frère Martin arrive, c'est la fête, ici !

C'est ainsi que dans le creux d'un vallon, nous découvrons Domrémy, un petit village, sur les bords de la Meuse[1]. Nous nous trouvons entre Vaucouleurs et Neufchâteau, dans cette enclave des marches[2] de Lorraine restée encore française.

Au loin, un voyageur solitaire avance paisiblement à travers champs en se balançant sur le dos d'un âne. Nous pénétrons davantage dans le contexte historique, à ses origines. Au fur et à mesure[3] que cette silhouette s'approche, les paysans des alentours qui étaient en train de faire les foins[4], s'agitent. C'est une belle journée d'octobre, cet individu sur sa monture semble inoffensif et pourtant les paysans ont retourné leurs fourches[5].

—Hourra ! Un cri de joie – et de soulagement[6] en même temps – claque[7] dans l'air. Regardez ! C'est Frère Martin, notre moine !

Autour du moine et de son âne, il y a maintenant une dizaine de gamins[8], qui sautent et qui crient. Les enfants ont

1. **Meuse** : (n. pr.) fleuve qui coule à l'est de la France, qui passe par la Belgique et les Pays-bas, pour aller se jeter dans la mer du Nord.
2. **marche** : (n. f.) territoire qui sert à défendre.
3. **au fur et à mesure** : (loc.) peu à peu.
4. **foin** : (n. m.) herbe coupée que l'on donne aux vaches.
5. **fourche** : (n. f.) instrument pour faire le foin, grosse fourchette.
6. **soulagement** : (n. m.) libération d'une peine.
7. **claquer** : (v.) produire un bruit sec.
8. **gamin** : (n. m.) expr. populaire pour enfant.

lâché leurs jeux, dès qu'ils l'ont reconnu et se sont lancés à sa rencontre. C'est comme une fête, ici, à Domrémy, lorsque Frère Martin arrive, et même pour les grands !

—Frère Martin, dis-nous un peu, qu'est-ce que tu nous as apporté ?

—Voyons, les enfants, doucement ! Le moine est fatigué de son voyage mais les gamins sont impatients. Ils veulent tout savoir et vite : ce qu'il y a dans sa sacoche[9] tout d'abord. Il l'ouvre enfin, le moine, cette sacoche à miracles, et il en sort des images de couleur qu'il distribue aussitôt, d'un geste complice. Car même le plus futé[10] des gamins, quand la nuit tombe, redevient sage et innocent. Pris par la peur des fantasmes de l'imaginaire, il se sent protégé ainsi, en regardant les visages des saints, pleins de paix et de bonté. Alors, le sommeil[11] s'installe. Frère Martin le sait très bien. Ils les a vus tous naître et les a presque tous baptisés.

—Ne me bousculez[12] pas comme cela, allons !

Les enfants, surtout les plus petits, raffolent de douceries au miel, de gâteaux et la sacoche du moine en est toujours bien garnie[13].

—Quoi de neuf de nos voisins de Maxey ? C'est Michel, le plus hardi de la bande qui harcèle le moine, à présent. Raconte-nous, Frère Martin !

—Je n'ai rencontré personne qui revenait de là-bas, Michel, donc n'insiste pas, sacré curieux ! Est-ce que tu crois vraiment que la guerre se fait ainsi ? demande le moine d'un ton ferme et il poursuit sa ronde en tirant son âne.

Il est vrai que le moine connaît tout le monde dans la châtellenie[14] et qu'il sait tout. Il a parfaitement compris où Michel et sa bande voulaient en venir. Ils ont certainement

---

9. **sacoche** : (n. f.) sac en cuir assez spacieux.
10. **futé** : (adj.) malin, fourbe, rusé.
11. **sommeil** : (n. m.) ce qui nous fait dormir.
12. **bousculer** : (v.) pousser, heurter.
13. **garni** : (part. pass.) orné, décoré.
14. **châtellenie** : (n. f.) juridiction, territoire d'un châtelain.

l'intention de manigancer un de leurs mauvais tours[15], se dit-il. Ce genre d'escarmouche entre les garçons de Domrémy et ceux de Maxey, de l'autre côté de la Meuse, finit souvent par des vêtements déchirés[16], des nez ensanglantés, des fronts ouverts et, pour les plus petits, les coups de fouet[17] de la part des parents. Même les enfants font la guerre par ici. Les voisins de l'autre côté de la Meuse, bourguignons*, se sont rangés dans le camp des Anglais, alors qu'à Domrémy et à Gueux on est resté fidèle à la France et au Dauphin. Il sait aussi, le moine, que les gamins de Maxey jouent à affoler[18] les troupeaux[19] des jeunes bergères de Domrémy, ce qui leur coûtera cher, tôt ou tard. Son cœur pencherait[20] tout d'un côté, s'il l'écoutait. Seulement voilà, Dieu n'est certainement pas dans un camp seulement. Il pense à tous les faibles[21] qui ont été abandonnés par les puissants et par l'Église aussi, trop occupés par le pouvoir. De cela, il ne peut en parler à personne, ce n'est pas prudent. Il va sous l'arbre de temps en temps lui aussi. Il a une mission à accomplir qui pourrait transformer le destin de la France. Ce monde simple et immuable, réglé par les saisons et les lois de la subsistance, lui est certainement plus proche que l'autre monde, ambigu et subtile, réglé par les lois du pouvoir et de la richesse, par les conflits armés pour la domination et par les combinaisons de lignée et de naissances[22]** pour la descendance.

* Les Bourguignons sont les habitants de la Bourgogne, région du centre de la France. Cet état riche, en pleine expansion à l'époque, est gouverné par le duc Philippe le Bon (1419-1467) qui, outre le duché, doit administrer également les nouveaux territoires annexés comme la Flandre, le Brabant (Belgique), les Pays-Bas et le Luxembourg.

** Le roi d'Angleterre Henri V est d'origine française. Il possède l'Angleterre (mais pas l'Ecosse), les domaines de la Normandie, du centre et du nord de la France. Il pense être l'unique héritier du royaume de France et va épouser Catherine de France, fille du roi Charles VI et de la reine Isabeau de Bavière. (traité de Troyes, 1420)

5. C'est sa robe rouge qui l'étonne !

Zabilet ! S'écrie-t-il, quand il aperçoit une paysanne dans le courtil[1] de cette grande ferme juste au début du village, la plus imposante. Est-ce la façon d'accueillir un vieil ami ? Et il s'empresse[2] de passer le portique d'entrée.

—Je vous ai vu arriver, réplique Zabilet, et j'ai préféré allumer immédiatement le feu que de vous sauter autour ! Entrez, mon Frère !

—Tu as eu une bonne idée ! Tu me connais, j'allais juste te demander si tu n'avais pas une place supplémentaire à table avec une écuelle[3] de soupe, et… ma foi, si je ne demande pas trop un verre de ton excellent vin ? Il lui embrasse les mains. Il y a comme un lien profond, presque sacré entre eux, une histoire d'anneau, paraît-il. En fait Martin apprécie fort la bonne cuisine de Zabilet et le bon vin aussi et en particulier celui de Jacques d'Arc, le mari de

1. **courtil** : (ancien français) petit jardin.
2. **s'empresser** : (v.) faire vite.
3. **écuelle** : (n. f.) récipient à forme d'assiette en bois.

Zabilet, laboureur[4] et vigneron[5] respecté dans toute la région.

—Je vous attendais avec impatience, mon Frère ! Je pensais que vous ne reviendriez plus à Domrémy, depuis votre nouvelle fonction comme confesseur auprès de la reine Yolande. Vous savez, je suis un peu inquiète pour notre Jeanne. J'ai besoin de vous, de votre présence ici, mais je crois que ce qui est l'objet de mes inquiétudes est déjà parvenu à vos oreilles par d'autres voix que la mienne ! Est-ce la reine qui vous envoie ? Soyez tranquille, je n'en dirai mot à personne !

—Je ne peux vous en dire plus pour l'instant, tout cela est bien trop délicat ! Notre Jeanne est peut-être tout simplement en train de devenir femme, ma chère !

—Non, Martin, les troubles de Jeanne sont d'une toute autre nature. Je ne fais que penser à cette prédiction de l'Enchanteur Merlin, qui est sur la bouche de tout le monde désormais, selon laquelle notre France a été perdue à cause d'une femme et sera sauvée grâce à une pucelle des marches de Lorraine, qui réussira à faire sacrer le roi. Ces paroles sont comme une persécution pour moi, je vous assure ! La femme qui a causé la perte de notre pays est d'après les on-dit la reine Isabeau*, mère de notre Dauphin**, mais l'autre nuit j'ai vu dans mes rêves ma Jeannette qui conduisait une grande armée. Depuis je n'arrive plus à retrouver la paix dans l'âme. Jeanne m'a révélé entendre souvent des voix, Martin !

De fait la visite de Frère Martin, semble cette fois-ci avoir un but précis. Dans le village dernièrement on parle de faits insolites, de présences mystérieuses et invisibles, de rumeurs étranges dans l'arbre des fées près de la fontaine. On a tendance à croire au mauvais sort et la peur du diable a gagné les esprits ; Frère Martin va devoir examiner la question avec attention.

—Martin ! Bonjour ! Une voix claire et fraîche a retenti[6]

---

4. **laboureur** : (n. m.) celui qui prépare la terre pour la semence.
5. **vigneron** : (n. m.) celui qui s'occupe de la vigne.
6. **retentir** : (v.) ce que fait un son assez fort.

13

tout à coup[7] derrière le moine interrompant les deux interlocuteurs dans leurs réflexions. Le moine se retourne comme enchanté. C'est la robe rouge de cette belle jeune-fille qui l'étonne, avant tout.

—Oh ! mais c'est ma petite Jeanne. Je ne t'avais pas reconnue dans cette jolie robe rouge.

Elle a bien grandi, Jeanne ! se ravise le moine, c'était encore une gamine lors de ma dernière visite ou plutôt un garçon manqué. C'est vrai qu'elle est bien bâtie[8], pour une fille, gaillarde[9] et jolie aussi, le visage lisse[10] et les joues rouges comme une pomme. Et pour ce qui est du caractère, il ne fait pas bon lui tenir tête. C'est à l'âge de sept ans que son père lui a confié son premier troupeau. Avec les oies, elle partait le long de la Meuse, dans les espaces marécageux avec son frère Jacquemin.

—Alors que fais-tu là, ma belle ? Ici avec ta mère, à la cuisine. N'étais-tu pas perchée[11] sur ton arbre en train de scruter l'horizon ? Ne joues-tu plus à la guerre avec ton ami Michel. Comment cela se fait-il ?

—C'est vrai ! répond la jeune-fille, intimidée par cette observation. Maman est allée à Vaucouleurs l'autre jour acheter de l'étoffe et me voilà en robe ! C'est fini de grimper aux arbres ! Certes j'aurais plutôt voulu des braies[12] et des houseaux[13] avec une belle ceinture de cuir ! Mes parents veulent ainsi.

—Allons, ma Jeannette ! Et tu dis cela avec regret ! Elle a raison Zabilet ! Tu es presque une femme à présent. Il serait temps de penser au mariage.

7. **tout à coup** : (loc.) qui n'est pas attendu, subitement.
8. **bâti** : (part. pass.) de constitution physique forte, solide.
9. **gaillard** : (adj.) vif et gai.
10. **lisse** : (adj.) doux ; qui n'est pas rugueux.
11. **perché** : (part. pass.) suspendu en haut.
12. **braie** : (n. f.) une culotte longue que mettaient les paysans au moyen-âge.
13. **houseaux** : (n. m. pl.) espèce de bottes, longues chaussures.

* Isabeau de Bavière n'a pas été très aimée du peuple français. C'était une débauchée, une femme qui avait beaucoup d'amants et on dit même que Charles VII, son fils, devait être bâtard. Le duc Louis d'Orléans, un de ses amants fut brutalement assassiné, ce qui donna suite à une série d'actes de vengeance entre Bourguignons et Armagnacs.

** Dauphin : C'est le titre que l'on a donné à Charles VII en attendant qu'il soit sacré roi de France. Les rois de France devaient être sacré à Reims, dans la cathédrale où Clovis, premier roi barbare à se convertir au christianisme, fut baptisé (496).

6. Il est temps de préparer une défense !

Tout à coup un chien aboie, les poules fuient de tous côtés, les moutons, poussés par les paysans, s'engouffrent[1] dans les portails ouverts des bergeries[2], le tocsin[3] se met à sonner, une voix à crier :

—Les écorcheurs, à l'aide !

—Que se passe-t- il ? Vite, à l'église, pressons[4] !

Trop tard, le bruit des chevaux se rapproche. C'est une troupe de cavaliers, cinq en tout, qui n'ont pas bonne allure du tout. Ils ont déjà dépassés les toutes premières bâtisses du village. L'un a même un canard et une poule aussi, embrochés[5] encore vifs sur sa lance. Devant, leur chef, trapu[6] et fort, a l'air de savoir adroitement manier les armes.

1. **s'engouffrer** : (v.) entrer avec violence.
2. **bergerie** : (n. f.) endroit où l'on abrite les moutons.
3. **tocsin** : (n. m.) sonnerie de cloche répétée et prolongée pour prévenir d'un danger.
4. **pressons !** : (v.) faisons vite !
5. **embroché** : (part. pass.) enfilé sur une broche pour faire cuire.
6. **trapu** : (adj.) petit et large d'épaules.

Son armure[7] est riche, il est certainement noble. Une sorte de cape rouge sur l'armure, cousue[8] de clochettes qui tintent au moindre mouvement, lui tombe des épaules.

—Je vous conseille, Monsieur, de ne pas aller plus loin ! lui crie Jeanne en se dressant courageusement devant lui, sans bouger dans sa robe rouge, les jambes écartées.

—Ah, oui ? Le chef de la bande sourit et il pointe son épée en direction de Jeanne, doucement pour lui toucher quelques mèches de cheveux. Et qui me l'en empêcherait, poursuit-il, toi, ma gamine ? Regardez-moi ça ! Au lieu d'être[9] à sa cuisine ! Un ricanement[10] général parmi la troupe se déclenche.

—J'ai appris à me battre, attention ! répond-elle, impétueuse. Prenez garde, je sait manier l'épée et gare[11] aux Bourguignons, s'ils approchent trop !

—Que nous voulez-vous, Messieurs ? Une voix d'homme se fait entendre tout à coup, ce qui agace la troupe qui aurait préféré poursuivre le jeu. C'est Jacques d'Arc.

—Jeanne ! ordonne-t-il d'un ton ferme, Va vite rejoindre ta mère ! Et il pointe courageusement sa fourche vers les cavaliers en avançant lentement. Il est entouré de ses fils, prêts à tout. Il sait qu'il n'a aucune chance mais il le cache bien.

—Tu ne veux quand même pas te battre, paysan ? demande le cavalier à la cape rouge, un peu inquiet tout de même.

—Si vous m'y forcez, certainement !

Derrière, un peu plus loin, quelques paysans surviennent[12] en brandissant[13] des piques[14] à loup.

---

7. **armure** : (n. f.) vêtement de métal que les chevaliers portaient autrefois, au Moyen-Age dans les combats pour se protéger.
8. **cousu** : (part. pass. de *coudre*) fixé avec fil et aiguille.
9. **au lieu de** : (loc.) à la place.
10. **ricanement** : (n. m.) rire moqueur, méprisant.
11. **gare** : faire attention, se méfier (de).
12. **survenir** : (v.) arriver sans être attendu.
13. **brandir** : (v.) balancer avant de lancer.
14. **pique** : (n. m.) arme à fer aigu au bout d'un manche.

—C'est pour tes vaches que tu trembles ? Je suis La Hire*. N'as-tu jamais entendu parler de moi ? Nous avons faim et soif et vous savez que même Dieu s'il faisait la guerre, vivrait de rapines. Et puis nous avons les Bourguignons à nos trousses[15] !

Aussitôt Jacques d'Arc baisse sa fourche et va la poser contre le mur. Les autres font de même.

—Si vous êtes La Hire, vous êtes des nôtres, car vous servez notre roi, le seul ici, pour nous ! Nous vous donnerons tout ce dont vous avez besoin.

---

* La Hire en fait s'appellait Étienne de Vignolles (1390-1443). Il venait de la Gascogne, région du sud-ouest de la France. Il combattit les Anglais jusqu'à la mort et fut le plus fidèle compagnon d'armes de Jeanne.

---

7. Allons tous sous le pommier !

J'ai l'impression que vous avez perdu de vue la situation réelle du pays. Permettez-moi de vous le dire ! réplique La Hire, ce village est sans défense !

On a allumé un feu et les villageois curieux font cercle autour de cet orateur plutôt insolite, sous le pommier près de la fontaine.

—J'ai une armée de 1 200 hommes dans les parages, explique-t-il, et j'accours où il le faut. Mes hommes ont faim, messieurs, et souvent ils ne savent où aller, confie-t-il, mais ils se battent et c'est ce dont la France a besoin actuellement car les Anglais approchent d'Orléans.

—Et Orléans n'est pas loin de Bourges, où se trouve notre roi, ajoute Pierre de Pourcy qui est arrivé il y a quelque temps à Domrémy, survivant, lui aussi, d'une attaque ennemie.

---

15. **avoir quelqu'un à ses trousses** : avoir quelqu'un qui nous poursuit.

La Hire a pris de la craie[1] et sur le sol dur il explique son raisonnement. Il dessine la France, puis de son coude[2] il trace la Loire et dispose des pierres pour désigner les villes.

—Ce grand fleuve qui coupe la France en deux, c'est la Loire. Sur la Loire, au milieu, il indique Orléans du doigt et Paris non loin. Il poursuit d'un mouvement de la main, là, c'est Bordeaux plus au sud. Autour de Bordeaux, l'Aquitaine sous la domination anglaise, ainsi que tous les territoires au nord-ouest de la Loire, c'est à dire la Normandie, la Bretagne, tandis que toutes les régions situées au sud de la Loire sont encore fidèles à notre roi. Il y a le pays des Armagnacs, le duché de Provence, l'Auvergne, le comté du Poitou. La Hire marque enfin Vaucouleurs et Neufchateau car ces deux villes, dit-il, sont pratiquement encerclées par les Anglais et les Bourguignons.

—Il y a des bandes armées de Bourguignons qui sont remontés sur Chalon, ajoute Pierre, ici à l'ouest de Domrémy, à quelques lieues[3], ils sont prêts à attaquer le Barrois à tout moment. Vaucouleurs résiste grâce à notre capitaine de Baudricourt, mais pour combien de temps encore ?

—Il faut redoubler la garde, dit Jacques d'Arc d'un ton énergique, et surtout s'organiser. Nous irons chez un armurier à Neufchateau acheter des armes. Il n'y a plus aucun doute, le village est bel et bien menacé.

—Et je m'occuperai de former les hommes à l'usage des armes ! relance Pierre. J'étais servant en armes au service de Baudricourt dans ma jeunesse. Depuis deux ans que ce petit roi est à Bourges, il n'a pas l'air encore bien décidé. Il vont arriver jusqu'à Vaucouleurs, ces Godons ! J'ai vu un marchand d'étoffe, qui m'a parlé de grandes tueries[4] partout où les Godons s'installaient !

—Qu'est-ce que cela, les Godons ? demande Zabilet.

—C'est le nom que l'on donne aux Anglais parce qu'ils

1. **craie** : (n. f.) matériau très blanc que l'on utilise pour écrire.
2. **coude** (n. m.) articulation du bras et de l'avant-bras.
3. **lieue** : (n. f.) ancienne mesure linéaire, 4 ou 5 km environ.
4. **tuerie** : (n. f.) massacre.

jurent[5] tout le temps et qu'ils disent Goddam – Dieu me
damne – dans leur patois de mécréant[6].

—Le roi d'Angleterre Henri V est mort, intervient
également Frère Martin, et comme son héritier[7] est encore
trop jeune, c'est son frère Bedford, Jean de Lancastre qui est
régent dans les territoires occupés. Il a l'appui des ducs de
Bourgogne et de Bretagne qui reçoivent de gros bénéfices en
échange de leur soutien.

—Je les chasserai hors de France, moi, tous, ce *Bêtefort* et
ces ducs traîtres[8] ! s'écrie Jeanne tout à coup en coupant la
parole au moine. D'autant plus, continue celui-ci,
imperturbable, que notre roi a été renié[9] par sa mère et
déshérité par le conseil royal. Reims est entre les mains des
Anglais, que faire pour sacrer notre roi ?

—Non, dit Pierre, ils ne nous auront pas, ces brigands !
Et notre capitaine de Baudricourt, lui, si fort et coriace, que
peut-il faire sans renforts ?

—Le roi n'a l'amitié que du roi d'Écosse et du Duc de
Milan qui ont réuni une armée composite de 14 000
hommes. Chacun cependant fait sa propre guerre, occupé à
la conquête personnelle de villes, pour renforcer ses
territoires, profitant de quelques mésententes dans le camp
anglais. Rien de prometteur pour une victoire définitive.

—Et en attendant, nous restons sans défense ! À la merci
des écorcheurs !

Et le débat continue tard dans la soirée. On évoque la
bataille d'Azincourt*, qui est encore dans les mémoires,
malgré les nombreuses saisons écoulées[10] depuis. Les Anglais

5. **jurer** : (v.) dire des mots grossiers.
6. **patois** : dialecte.
6. **mécréant** : personne qui ne croit pas en Dieu.
7. **héritier** : (n. m.) celui qui reçoit en donation le patrimoine, les
richesses des propres parents.
8. **traître** : (n. m.) une personne qui n'est pas loyal ni sincère qui
trahit.
9. **renié** : (part. pass.) quelqu'un ou quelque chose que l'on ne veut
plus.
10. **écoulé** : (part. pass.) passé.

y avaient fait un carnage de la noblesse française, tué les prisonniers et tranché leurs têtes, mutilé leurs visages. Puis ils avaient ravagé[11] la Normandie, la Maine et la Champagne… et tout cela était très vivant dans les esprits et les cœurs, et voilà qu'un tel danger se rapprochait !

---

* Le 25 octobre 1415, à Azincourt (Pas de Calais) Henri V, roi d'Angleterre prétendant au trône de France, vainc l'armée française. Le royaume de France se déchire entre Armagnacs au sud de la Loire, partisans du Dauphin de France, futur Charles VII, et Bourguignons, qui se rangent derrière le roi d'Angleterre et qui occupent les régions du nord de la Loire et du Jura.

---

8. C'était comme si il n'y avait plus de temps

Un cri plein de consternation s'élance comme un écho dans la brume[1] matinale, alors que le coq vient à peine de chanter.

—Jeanne ! Jeanne ! entend-on de partout à la fois.

—Là voilà, je l'ai trouvée, par ici, au bois ! C'est Jacquemin, le frère aîné de Jeanne qui met fin au vacarme[2], alors que les gens accourent. Sa sœur, apparemment inconsciente, est étendue sur le sol, enveloppée dans sa cape de pluie, les jambes pleines de boue, pieds nus. En peine, Jacquemin lui tapote les joues[3], la secoue pour tenter de la faire revenir[4]. Puis enfin, devant tous ces visages épatés qui la regardent du haut, elle ouvre les yeux. Égarée tout

---

11. **ravager** : (v.) détruire.

1. **brume** : (n. f.) léger brouillard ; condition atmosphérique de mauvaise visibilité.
2. **vacarme** : (n. m.) beaucoup de bruit.
3. **joue** : (n. f.) le visage, de chaque côté du nez.
4. **faire revenir** : (loc.) reprendre les sens.

d'abord, la jeune-fille se lève doucement sans dire un mot. On la bouscule, elle ne comprend pas très bien ce qu'il en est.

—Mais qu'est-ce qui t'a pris, Jeannette, vas-tu nous le dire, enfin ? crie sa mère, hors d'elle, levant la main contre sa fille, pour la première fois, tandis que son père, furieux lui aussi, est en train de se défaire la ceinture, en vue d'une bonne raclée[5].

—Est-ce que ce sont des tours à nous jouer[6] ? Vilaine fille ! Elle rêve, elle prie, elle rêve, ce n'est pas une vie ! Il faut vite la marier ! D'ailleurs, je sais déjà avec qui et tu auras bientôt de ses nouvelles.

Jeannette les regarde, impassible, puis s'enfuie en direction du village. On ne la verra plus de toute la matinée. Lasse de son escapade nocturne, elle restera couchée jusqu'à ce que Frère Martin aille la réveiller.

—Alors ma biche, cela va mieux ? Ne veux-tu pas me raconter ce qui t'es arrivé cette nuit ? J'ai toujours su garder les secrets, je crois ! Alors, est-ce que c'est à cause d'un garçon ? Tu as l'âge de te marier maintenant.

—Il faut que j'aille voir notre roi ! dit-elle tout à coup, se décidant enfin à donner une réponse.

—Encore ces visions ?

—Oui, mon Frère, cette nuit. Je me suis réveillée car j'avais des tiraillements d'estomac à cause du jeûne et je me suis mise à la fenêtre. J'ai eu l'impression que tout restait figé[7] ; les branches des arbres ne bougeaient plus et pourtant le vent soufflait, je n'entendais plus la pluie et pourtant il pleuvait à verse. Alors j'ai décroché vite ma cape et je suis descendue à la fontaine et là même l'eau s'était solidifiée et ne coulait plus. C'était comme s'il n'y avait plus de temps, comme si j'étais sortie du temps. Puis j'ai entendu des voix.

—Et comment étaient-elles ces voix, que te disaient-elles ? interrompt le moine trop impatient de tout savoir.

5. **raclée** : (n. f., fam.) des coups, une correction corporelle, en générale sur les fesses.
6. **jouer des tours** : (loc.) faire des farces, ne pas être sérieux.
7. **figé** : (part.pass.) immobilisé.

—Cela ne me parvenait pas par les oreilles. Non, c'était en moi comme un battement de cœur. Et les voix disaient : " Va… Fille Dieu ! Va… Va… Va… Va sauver la France ! Va voir le roi ! " J'ai fait le tour de la maison plusieurs fois. Je me sentais combattue, je ne savais que faire, quelle décision prendre.

—N'as-tu pas eu peur ? Pourquoi n'as-tu pas appelé ? Martin veut connaître chaque détail.

—Oui, c'est vrai, j'avais grande envie d'appeler au secours, de rentrer mais en même temps une force me poussait vers le bois. J'ai donc traversé le ruisseau… et suivi le sentier, puis je me suis arrêtée devant un arbre sans savoir pourquoi. Comme il me semblait haut cet arbre ! Alors les voix se sont fait entendre de nouveau. " Va, Fille Dieu ! " Je m'apprêtais à repartir, mais une lueur[8] bleue dans la brume a attiré mon regard. Je me suis approchée et j'ai aperçu une forme humaine qui se dégageait[9] lentement de la pénombre, et les voix en même temps me susurraient des noms, Alexandrie, Antioche, Catherine… Marguerite.

—Mais cette ombre ressemblait-elle à quelqu'un que tu connais ?

—Je ne suis pas arrivée à bien la distinguer. J'ai tenté alors de la toucher. C'était plus fort que moi ! Mais elle a disparu brusquement. Elle s'arrête un peu, Jeanne, ce récit la perturbe trop pour continuer.

—Puis une immense fatigue m'a envahie, poursuit-elle malgré tout, et je me suis laissée tomber. C'est alors que je me suis rendue compte que j'étais dans la boue ; j'avais froid, très froid, et je sentais l'humidité qui me pénétrait dans les os.

—Et ensuite qu'as-tu ressenti ?

—Je ne me rappelle plus rien, Frère Martin, crois-moi ! Après, c'est le néant[10].

Jeanne s'est tue à nouveau. Elle grelotte[11] prise par la fièvre.

---

8. lueur : (n. f.) une lumière faible.
9. se dégager : (v.) se libérer.
10. néant : (n. m.) rien.
11. grelotter : (v.) trembler.

—Martin ! ajoute-t-elle peu après, Aidez-moi ! Je n'ai plus beaucoup de temps ! Aidez-moi à rencontrer le roi. Je vous en prie ! Je sais que ma mère Zabilet a une grande dévotion pour vous. Aidez-moi ! Elle prend la main du moine.

—Te voilà bien perturbée, mon enfant ! répond le moine, pensif. Il lui caresse les cheveux et se lève. Je dois partir demain à l'aube pour Bourges, poursuit-il gravement, tu auras très bientôt de mes nouvelles, je te le promets, mais ne dis rien à personne ! Fais-moi confiance ! Puis en guise de[12] salut, il lui caresse tendrement les cheveux et sort de la chambre.

9. Il est temps de partir !
Vaucouleurs : début 1428

Maudit soit ce Vergy et aussi ce Philippe de Bourgogne* et tous les Bourguignons de la terre ! Voilà un sale pétrin[1], messieurs, après La Hire c'est moi ! J'ai dû capituler ! Moi, le capitaine Robert de Baudricourt !**

Il prend ses gantelets de fer[2] et les jette avec rage contre le mur, puis le heaume[3] aussi. Son écuyer[4] Bertrand de Poulangy a senti tout de suite l'orage et promptement est accouru à son service. La salle d'armes semble un champ de bataille. Il rattrape au vol ce qu'il peut et essaie de calmer son maître.

—Capituler, capituler, oui ! Mais seulement sous condition, messire, et pas avant l'hiver prochain, donc rien n'est perdu encore ! réplique-t-il.

---

12. en guise de : (loc.) à la place de.

1. pétrin : (n. m.) coffre dans lequel on pétrit et on serre le pain ; *ici* être dans l'embarras.

2. gantelet de fer : (n. m.) pièce de l'armure qui protégeait la main.

3. heaume : (n. m.) casque cylindrique ou pointu des hommes d'arme.

4. écuyer : (n. m.) gentilhomme qui portait l'écu (la partie de l'armure pour se protéger) d'un chevalier.

—Tu es bien trop naïf et simple dans tes pensées, Bertrand ! reprend Baudricourt de plus belle. Crois-tu vraiment que le roi va m'envoyer des renforts ? Et cela avant l'hiver, comme le disent tes conditions de capitulation ? Notre petit roi ne deviendra jamais homme de guerre, nom d'un chien ! Et il lance son épée[5] fêlée[6] en l'air alors que son servant d'armes, encore ganté, s'efforce de la prendre au vol. Plus une seule arme entière, plus un sou[7], plus une once de farine ! bougonne-t-il. Je ne peux même pas aller à la chasse. Que voulez-vous que je fasse ? Et si l'armée ne vient pas jusqu'ici, et bien, je deviendrai Anglais, moi Baudricourt ! crie-t-il en s'exaspérant, Anglais ! Puis il s'approche du feu et s'assoit, apaisé à présent. Il y a alors des chuchotements[8] dans le fond de la salle.

—Qu'est-ce que c'est encore ? La colère le reprend.

—C'est un paysan et une fille, Messire !

—Quoi ? Que les mendiants aillent au diable !

—Il y a une fille, elle insiste, dit Poulengy, elle prétend avoir un message pour vous.

—Jean, occupe-toi de cela, veux-tu ? ordonne-t-il à Jean de Metz, un des capitaines. Mais il entend déjà un claquement de sabots[9] derrière lui. Il se retourne et aperçoit une robe rouge. C'est Jeanne, accompagnée de Pierre de Pourcy, le vieux soldat.

—Ah ! Mon vieux Pierre, tout est fini à présent ! Je ne peux plus te reprendre ! s'exclame Baudricourt.

—Messire, c'est…

—Je viens à vous, Robert de Baudricourt, de la part de mon Seigneur du Ciel ! Jeanne s'est avancée et parle, fermement sans hésiter, au milieu des soldats qui la dévorent

5. **épée** : (n. f.) arme blanche formée d'une lame en acier et d'une poignée pour combattre utilisée jusqu'au 19ème siècle.
6. **fêlé** : (part. pass.) se dit du verre ou de matériau fragile qui peut se rompre sans être tout à fait inutilisable.
7. **sou** : (n. m.) unité de monnaie, d'argent, ancienne pièce.
8. **chuchotement** : (n. m.) le bruit que l'on entend si on parle à voix basse.
9. **sabot** : (n. m.) chaussure de bois que mettaient les paysans.

du regard, curieux et ébahis[10]. Et Baudricourt réalisant que c'est à lui que la Pucelle s'adresse, et ce au nom du Seigneur, se tourne vers elle, lui aussi, mi-stupéfait mi-irrité.

—Il faut, poursuit-elle, recommander au Dauphin d'arrêter tout combat, messire, car il recevra très bientôt du secours de mon Seigneur du Ciel qui m'a donné mission de conduire le Dauphin à Reims pour le faire sacrer.

Baudricourt n'en croit pas ses yeux, ni ses oreilles, la foudre[11] aurait pu tomber à ses pieds qu'il n'en aurait pas été plus stupéfié. Cette fille en robe rouge, encore une enfant avec un corps de femme qui ose ainsi le fixer, droit dans les yeux, c'est une vraie provocation.

—D'où viens-tu ? demande-t-il d'un ton agressif.

—De Domrémy, répond-elle toujours aussi droite.

—Qui est ton Seigneur ?

—Le même que le vôtre, notre Seigneur du Ciel !

Elle n'en démord[12] pas, la petite, se dit Baudricourt. Il se lève en remontant son poignard qui en tombant lui reste juste dans la main. Il en pose alors la pointe sur le cou de la jeune-fille, puis, d'un petit geste sec, ouvre une échancrure[13] dans son corsage[14] et s'arrête, là, au milieu des deux seins, sur cette belle peau lisse et douce ; il aurait envie d'aller plus loin pour répondre à la provocation.

—Alors tu veux conduire notre Dauphin à Reims pour le faire sacrer ! Il joue maintenant mais Jeanne ne bouge pas, elle fait seulement signe de la tête. C'est qu'elle est belle avec ce corsage entrouvert ! Baudricourt jette le poignard sur le banc, puis tourne autour d'elle.

—C'est juste le renfort qu'il me fallait ! lance-t-il, railleur[15].

---

10. **ébahi** : (part. pass.) étonné, stupéfié.
11. **foudre** : (n. f.) une manifestation très violente avec décharge électrique pendant un orage avec pluie et tonnerre.
12. **démordre** : (v.) abandonner.
13. **échancrure** : (n. f.) ouverture à partir du col (chemise).
14. **corsage** : (n. m.) vêtement féminin qui couvre le buste.
15. **railleur** : (adj. et n. m.) qui n'est pas sérieux, qui plaisante, qui se moque.

—Cessez de vous moquer de moi ! crie-t-elle brusque-ment. Ce que j'ai à vous dire est grave. Il faut que je parte immédiatement en France, j'obéis, moi ! Ce sont mes voix, vous comprenez ?

—Mon Seigneur, je vous en prie, écoutez-là, ce n'est qu'une enfant ! dit Pierre d'un ton suppliant, car il craint le pire.

—Mon vieux Pierre ! Je sais, moi, qui le lui ferait l'enfant, si mon oiseau n'était prisonnier dans cette cage... et il montre de la main sa cuirasse qui lui enserre le ventre... Veux-tu qu'elle devienne une paillasse[16] à soldats, ta fille ? Comment es-tu tombé dans cette farce ? Jeanne rougit et les larmes lui montent aux yeux.

—Viens Pierre, allons-nous en ! s'écrie-t-elle, je n'ai jamais vu pareille mule, mais il ne me connaît pas encore ! Il reviendra à lui, très bientôt !

* Philippe de Bourgogne (Philippe le Bon 1396-1467) fils de Jean sans Peur cruellement assassiné à Paris par les Armagnacs. Philippe accusa très longtemps Charles de cet assassinat ce qui fit naître en lui le sentiment de vengeance qui le poussa à s'allier aux Anglais contre le Dauphin en reconnaissant Henri V comme héritier du trône de France.

** Robert de Baudricourt : capitaine de Vaucouleurs (chef-lieu du Barrois à l'époque) ; il a repoussé longtemps les Bourguignons conduits par le capitaine Vergy qui voulaient s'approprier de toute la région. Puis ces derniers l'ont fait prisonnier sous caution. Pendant ce temps Baudricourt a pu fournir une escorte à Jeanne pour aller à Chinon.

16. **paillasse** : (n. f.) un matelas, une couche faite de paille, d'herbe séchée.

10. Bourges : que se passe-t-il autour de Jeanne pendant l'hiver 1428-1429 ?

" Au Lion d'Or ", dans cette auberge qui se trouve à l'entrée de Bourges, lieu de résidence du Dauphin, il n'y a presque plus personne. Pas étonnant[1], il est minuit. Une jeune femme qui, d'après la démarche[2], ne peut certainement pas être une servante, se dirige vers la table au fond de la salle dans la pénombre. À cette table, il y a Frère Martin et Jean de Metz, le capitaine de Robert de Baudricourt. Tout deux se lèvent brusquement, le moine s'incline très bas, le capitaine met un genou à terre. La femme invite les deux hommes à se relever d'un signe de la main. C'est seulement à son visage, que l'on découvre qu'elle est reine.

—Je vous attendais, dit la Reine Yolande d'Aragon*. Personne ne vous a vus, vous êtes sûrs ?

—Tout le monde dort ici, répond Jean de Metz.

—Ou on fait semblant[3] de dormir plutôt, corrige la reine. J'espère que vous aurez au moins des nouvelles réjouissantes à me donner. Les miennes ne le sont guère, malheureusement.

—Madame ! ajoute Frère Martin, hélas, votre Barrois est menacé, vous savez bien qu'on ne peut plus compter sur Baudricourt.

—Ni sur La Hire, interrompt Jean de Metz, pour qui il faudra payer une rançon[4]. Nous avons peu de temps. Il faut utiliser la ruse, Madame, car vous avez besoin d'un couloir pour vous rattacher aux territoires du Dauphin.

—Oui, j'ai besoin de la Lorraine. Certes, je peux négocier, j'ai les liens de parenté pour le faire, comme je peux également trouver la rançon pour La Hire. Mais pour

---

1. **étonnant :** (adj.) surprenant, inattendu.
2. **démarche :** (n. f.) la façon de marcher, d'aller.
3. **faire semblant :** (loc.) agir en simulant, jouer la comédie.
4. **rançon :** (n. f.) somme d'argent que l'on paye quand quelqu'un a été fait prisonnier pour sa libération.

Baudricourt, sincèrement messieurs, je ne peux rien, vraiment rien.

Elle se sent soudain prise par le froid, s'éloigne un peu pour se mettre devant le feu et pour réfléchir aussi, puis revient près des deux hommes. Elle leur sert du vin.

—Madame… peut être qu'il existe encore un espoir de libérer notre France, insiste Frère Martin. Je vous avais promis de faire des recherches à propos de cette pucelle du Barrois.

—Oui, c'est vrai, mon Frère je vous avez demandé de vous rendre sur place, et alors ?

—Je connais cette jeune-fille, Madame, depuis sa naissance et sa mère est une sainte femme. Notre Jeanne vient d'avoir seize ans. C'est un cœur simple qui ignore les calculs des hommes et qui a la foi. J'étais présent et je lui ai parlé quand une nuit elle… Le moine rapporte tout ce qu'il a vu et entendu à Domrémy.

—Et moi, je l'ai vue affronter Baudricourt, avoue Jean de Metz. Elle s'est installée sous ses remparts maintenant et attend encore de partir, malgré le froid. Croyez-moi, Madame, elle a une force du Diable, cette pucelle et porterait une armée entière à la destruction.

—D'après votre récit, Frère Martin, la prédiction s'avérerait exacte. Il ne me reste qu'à convaincre le Dauphin, ce qui ne va pas être chose facile. La Tremoille, notre chambellan[5], gagne du pouvoir sur moi auprès du roi et tout cela m'échappe, vous comprenez, dit-elle songeuse, et les Anglais avancent avec Salisbury à leur tête. Ils foncent[6] sur Orléans ! Que les temps sont difficiles, messieurs ! Je vous laisse à présent, je vous ferai parvenir une réponse à tout cela, demain à l'aube.

5. **chambellan** : (n. m.) ministre d'un prince.
6. **foncer** : (n. m.) se précipiter.

* Yolande d'Aragon : on dit qu'elle a été une mère pour le Dauphin Charles, elle lui a donné la force de combattre et surtout l'a influencé dans ses décisions concernant Jeanne. La reine Yolande est mère de Marie d'Anjou épouse de Charles. Reine de Sicile, elle est intéressée également à la Lorraine car son fils René a épousé l'héritière de cette région.

11. Orléans 1428 : en attendant la Pucelle

Bedford*, régent de France dans les territoires anglais, est résolu à ne plus prendre de risques. Lorsqu'on peut passer par la grande porte, pourquoi passer dans un soupirail[1] ? lui avait on reproché. En fait il a toujours été en désaccord avec son conseil, le régent. D'après ses conseillers, le projet consistait à achever[2] la conquête de la France le plus rapidement possible. Il pouvait partager cet avis[3] mais pas de la même manière. Cette ville d'Orléans est un vrai guet-apens[4], se dit-il ; c'est la passerelle qui relie entre eux les territoires les plus importants du Dauphin et qui ouvre une voie supplémentaire sur Paris ; en cas de contrattaque, les Français ne vont pas la lâcher si facilement. Pourquoi s'y aventurer, alors que l'on peut très bien minimiser les risques ? Il s'agirait de prendre Anger et foncer sur La Rochelle où doivent débarquer prochainement les renforts écossais, si indispensables aux troupes françaises. Il suffirait de les y attendre et de leur couper la route. N'étant plus en conditions de combattre, l'ennemi, sans renforts, se rendrait immédiatement et ce serait la victoire. Bedford est le seul à soutenir cette ligne. Et il est fou de rage. Il n'a aucune intention de s'exposer. C'est donc Thomas de Montagu,

1. **soupirail** : (n. m.) petite ouverture au bas d'un mur extérieur.
2. **achever** : (v.) finir, accomplir.
3. **avis** : (n. m.) opinion.
4. **guet-apens** : (n. m.) embuscade.

comte de Salisbury, originaire de l'Avon, qui partira en mission, s'étant déjà distingué à Verneuil quatre ans auparavant devant les Écossais du Dauphin Charles.

Avant de se lancer à la conquête d'Orléans, Salisbury préfère prendre d'abord possession des quelques résidences favorites du Dauphin de France pour se faire la main. Mais c'est quand il arrive devant Orléans, qu'il reste interloqué[5]. Il n'y a plus de faubourgs autour de la ville, que des ruines calcinées. Les bourgeois les ont détruits, afin que les envahisseurs ne puissent s'y installer. Il faudra donc tout d'abord édifier des bastilles. Cela ne va pas être chose facile de transformer des guerriers en charpentiers[6] ! Il faudra des mois. Ses hommes vont perdre l'engouement[7] au combat et se sentir diminués. Le but, c'est d'empêcher absolument tout secours de pénétrer dans la ville et de donner à ses habitants l'impression d'un siège[8] de longue durée.

En effet c'est avec une vive inquiétude que les gens d'Orléans assistent à la mise en œuvre du siège au-delà de leurs murs. Pour leur défense, ils ne disposent que d'une milice d'artisans et de boutiquier peu aguerris. De plus, et ceci accroit[9] leurs soucis, ils voient la population augmenter de jour en jour. Les habitants des faubourgs et des villages des alentours se sont réfugiés en ville et très bientôt les vivres manqueront.

Un matin d'octobre 1428 les notables de la ville inspectent les lieux et se réunissent par la suite en conseil.

—Le système défensif anglais, c'est d'abord Monsieur de Gaucourt, gouverneur d'Orléans, qui intervient, présente des défauts. Il déplie ses parchemins[10].

---

5. **interloqué** : (part. pass.) surpris au point de ne plus savoir quoi dire.
6. **charpentier** : (n. m.) homme qui s'occupe de monter la structure en bois d'une maison.
7. **engouement** : (n. m.) enthousiasme.
8. **siège** : (n. m.) place occupée.
9. **accroître** : (v.) augmenter.
10. **parchemin** : (n. m.) peau d'animal préparée spécialement pour écrire.

—Remarquez bien, messieurs, qu'au nord, un espace de terre reste libre et les ouvrages, ces bastilles qui se dressent un peu partout autour de notre ville, sont beaucoup trop éloignées les unes des autres. Au cas où nous attaquerions, nous pourrions les isoler très facilement. Il y a donc une voie d'issue. Dunois, savez-vous combien d'hommes les Anglais ont à disposition ?

—Pour le moment, répond Dunois, régent de la ville dit " Bâtard d'Orléans ", environ 6 000, un nombre assez réduit, je suppose pour une attaque immédiate.

—Oui, réplique Maître Boucher, le trésorier, mais il aura bientôt des renforts de la part des Bourguignons et on prévoit également une troupe, conduite par Falstaff qui partirait prochainement de Paris. Notre chance, c'est que nous avons des réserves en blé pour quelques semaines. J'espère bien que le roi nous enverra des secours.

—Vous y croyez vraiment, Maître ? Le trésor de Charles est vide. J'ai l'impression que nous devrons compter sur nos propres moyens et si nous voulons gagner du temps pour nous organiser, il faudra avant tout couper la route aux renforts anglais.

—Pour cela nous avons les Ecossais et Charles de Bourbon.

C'est alors que s'annonce Régnault de Chartres, l'un des conseillers du Dauphin, archevêque de Reims, porteur de nouvelles. Il y a à priori une expression de surprise de la part des membres du conseil. On dit que l'archevêque est nulle part mais partout à la fois. Voilà qui est bien vrai. Subtil négociateur, il laisse l'impression parfois de l'être même trop et on ne sait pas très bien de quel côté il penche. Il sait se servir à merveille de l'église sans même trop la servir.

—Messieurs, nous allons avoir une réponse immédiate à nos questions ! Faites entrer ! ordonne Maître Boucher au valet.

—Une pucelle, une pucelle, à la tête d'une armée ! C'est certainement une fable pour relancer le courage des troupes et effrayer les Anglais, qui sont particulièrement superstitieux, s'écrie Dunois. C'est pour les inciter à lâcher prise, probablement ! Le conseiller royal venait de révéler sa dernière carte à jouer : Jeanne, la Pucelle.

Mais il faudra encore des mois avant que quelque chose de décisif n'advienne, Régnault de Chartres le sait très bien, car il y a quelqu'un autour du roi qui vendrait bien la ville aux Anglais ; le roi quant à lui, préférerait ne pas trop s'occuper de ce genre d'affaires.

---

* Bedford, Jean de Lancastre, frère d'Henri V d'Angleterre, était devenu régent en France à la mort de son frère parce que Henri VI, son neveu et héritier au trône, était trop jeune. Il s'occupait d'administrer tous les territoires anglais en France.

---

12. Sur la route de Chinon !
Jeanne et son escorte, début 1429

Une petite troupe de cavaliers se faufile[1] dans la brume, à travers les branches et les buissons. L'aube se lève, et ils doivent trouver un refuge car ils ont chevauché toute la nuit. Ils sont à bout de forces[2], courbés[3] sur leur monture[4] et grand est le danger d'être découvert par les Bourguignons ou les Godons. Il leur faut donc un abri[5] sûr, d'autant plus qu'il y a une femme parmi eux. On le devine à la silhouette plus mince, à la grâce de ses gestes et à la voix, malgré ses cheveux courts et ses habits masculins. C'est bien elle, c'est Jeanne, la petite bergère de Domrémy !

Ils aperçoivent enfin une vieille bâtisse abandonnée. Fourbus[6], ils s'y installent et s'étendent sur le sol en se serrant les uns contre les autres à cause du froid. La jeune fille, elle,

1. **se faufiler :** (v.) se glisser, trouver un passage.
2. **à bout de force :** (loc.) très fatigué, sans forces.
3. **courbé :** (part. pass.) incliné.
4. **monture :** (n. f.) l'animal que l'on monte.
5. **abri :** (n. m.) endroit où on se sent protégé.
6. **fourbu :** (adj.) très fatigué.

s'endort tout de suite. Mais les deux hommes à ses côtés se sentent troublés par ce contact étroit avec un corps féminin et ils ont du mal à s'endormir.

—C'est qu'elle est bien belle, la Pucelle, dit Jean de Metz, le capitaine de Baudricourt, en la regardant dans la clarté du jour, même avec les cheveux courts. Jeanne avait décidé juste la veille du départ de se couper les cheveux, en calotte[7] avec les oreilles dégagées[8], comme un homme. C'était un adieu à son identité, à son adolescence. Pour affronter les situations difficiles, elle le jugeait nécessaire ! Elle avait demandé aussi des habits d'homme, un pourpoint[9] et un manteau contre le froid.

—Tu crois qu'elle s'en apercevrait, demande soudain Richard, l'archer, si je glissais ma main sous ses vêtements ? J'aimerais bien la caresser, les femmes ont la peau si douce. As-tu déjà touché une femme, toi ?

Puis tous deux, honteux, se ravisent du serment qu'ils ont prêté devant Baudricourt quelques jours avant le départ. Colet de Vienne, messager du roi, était alors arrivé à Vaucouleurs, mettant fin à une longue et difficile attente de plusieurs mois. Le roi consentait à recevoir la Pucelle dans son château de Chinon. Jeanne avait perdu espoir et songeait désormais à repartir dans sa terre natale. Elle s'était mise à pleurer en apprenant la nouvelle, prise par l'émotion.

—Je ne vous verrai jamais plus, mes amis ! avait-elle dit à ceux qui l'avaient hébergée pendant ces longs mois d'attente, je ne reviendrai jamais plus à Domrémy, je ne verrai jamais plus les miens et je pars sans leur dire adieu ! Adieu Pierre ! Mes amis, merci ! Vous avez été merveilleux !

Cent cinquante lieues à accomplir en plein territoire bourguignon, cela ne lui fait certainement pas peur, à la Pucelle, même si elle ne connaît pas le pays.

—Je t'apprendrai à tenir correctement ton assiette, à piquer un galop et à faire des voltes, lui avait dit Jean de

---

7. **calotte** : (n. f.) petit bonnet qui ne couvre que le sommet de la tête ; type de coiffure.
8. **dégagé** : (part. pass.) libre.
9. **pourpoint** : (n. m.) sorte de veste que l'on portait à cette époque.

Metz, enthousiaste de la servir. Il éprouve une forte admiration pour la jeune-fille et il sait qu'il l'accompagnera sur les champs de bataille.

Après onze jours de voyage, la troupe aperçoit enfin du haut d'une colline la ville de Chinon*, sur les bords de la Vienne et, quelques heures après, ils passent la porte principale de Chinon. C'est ici que s'est réfugié le Dauphin, depuis l'avancée de Salisbury. Les habitants ont vite compris que quelque chose d'important se passait dans leur ville. En effet, la rumeur courait qu'une pucelle de Domrémy viendrait sauver le roi. À certains, cette histoire de pucelle salvatrice semblait bien insolite pour être crue. Une femme, une étrangère, reçue par le roi ! Méfiance, tout cela sonnait mal !

Voilà pourquoi, contrairement à ce que Jeanne attendait, les rues sont désertes et l'accueil à son arrivée à l'auberge où elle doit loger, est froid.

—J'ai besoin d'un bain et d'un masseur, ordonne-t-elle sèchement, en menant un peu tous les servants de l'auberge à la baguette[10]. Je dois vite me remettre de ce voyage !

Cette petite bergère n'a aucune manière et ignore tout des civilités et bienséances en usage à la cour. Et il s'agit de rien de moins que de se présenter au roi !

—Dis Étienne, comment est-il le roi ? demande-t-elle, inquiète, au messager du roi qui a pour mission de la conduire à la cour.

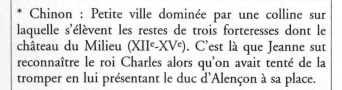

* Chinon : Petite ville dominée par une colline sur laquelle s'élèvent les restes de trois forteresses dont le château du Milieu (XIIe-XVe). C'est là que Jeanne sut reconnaître le roi Charles alors qu'on avait tenté de la tromper en lui présentant le duc d'Alençon à sa place.

10. mener quelqu'un à la baguette : (loc.) commander d'une façon très stricte comme si on a une baguette (petit bâton) à la main.

13. Jeanne devant le conseil de l'université de Paris, Poitiers* mars-avril 1429

On m'a déjà examinée à Chinon, réplique Jeanne sèchement. Décidément elle n'en a pas fini avec les interrogatoires. Il y a des jours que l'on continue à lui poser des questions. Après les conseillers du roi et le roi lui-même, à Chinon, ce sont les membres du Parlement de l'Université de Paris qui l'examinent à présent. Et pour cela, on l'a fait venir ici, à Poitiers.

—Oui, on t'a reconnue dévote, sobre, tempérante[1], coutumière[2] une fois par semaine de la confession, enchaîne[3] l'un d'eux, mais ce n'est pas assez, il nous faut des signes.

—Je ne suis pas venue à Poitiers pour donner des signes ! Conduisez-moi à Orléans, donnez-moi des hommes d'armes et je vous montrerai les signes pour quoi j'ai été envoyée.

—Tu portes des habits d'homme, poursuit un autre membre du conseil, et les cheveux coupés. Ce n'est pas conforme à ta condition. La loi judiciaire, morale et religieuse, le condamne formellement.

—Je n'ai pas eu de révélations qui me disent que ce n'était pas bien ! répond Jeanne, résolument.

—Ces révélations, de qui les tiens-tu ? lui demande-t-on encore.

—De Saint-Michel, de Sainte-Catherine et de Sainte Marguerite. Je les ai vus de mes yeux corporels, comme je vous vois.

—Quel était la figure de Saint-Michel ? Avait-il une couronne, avait-il des cheveux ? Quel langue parlait-il ?

—Il parlait une langue certainement meilleure que la vôtre, répond Jeanne avec insolence. Il me parlait la langue des anges. Il m'a raconté tellement de choses que j'ai eu tout de suite confiance en lui. Il m'a parlé de la France.

---

1. **tempérant** : (adj.) sobre.
2. **coutumier** : (adj.) qui a la coutume, l'habitude de faire quelque chose.
3. **enchaîner** : (v.) poursuivre.

35

—Crois-tu en Dieu ?

—Oui, mieux que vous !

—Selon toi, Dieu veut délivrer le peuple de France des calamités, mais s'il le veut, il n'a pas besoin d'hommes d'armes, sa volonté suffit. Tu t'imagines, que l'on va conseiller au roi de te confier une armée simplement parce que tu le demandes, pour que tu mettes en péril des hommes !

—Les hommes batailleront et Dieu donnera la victoire. J'ai quatre prédictions à vous faire : les Anglais seront battus devant Orléans ; le Dauphin sera sacré roi en la ville de Reims : Paris redeviendra la capitale du roi de France et le seigneur d'Orléans reviendra d'Angleterre où il est captif. Je ne dirai rien de plus ! Et que vous le vouliez ou non, j'irai à Orléans !

Peu après le conseil délibérera : nul mal n'étant trouvé en elle, le roi ne doit pas l'empêcher d'aller en arme à Orléans et il doit l'y faire accompagnée. La dédaigner[4], la répugner et la délaisser[5] serait désobéir au Saint-Esprit.

On ramène[6] Jeanne à Chinon donc, où elle est examinée encore une fois, jusque dans les parties les plus secrètes de son corps. Alors commence une autre longue, interminable attente.

---

* Poitiers fut un des grands centres chrétiens et théâtre des évènements les plus sanglants de la guerre de Cent Ans. Charles VII y établit par la suite son parlement et y fonda une université.

---

4. **dédaigner** : (v.) mépriser, ne pas apprécier.
5. **délaisser** : (v.) renoncer à.
6. **ramener** : (v.) reconduire.

14. Blois : Jeanne et son armée, avril-mai 1429

Aux portes de Blois, et jusque dans la ville même, s'étendent les campements : huit mille hommes en tout. S'y trouvent les noms plus illustres de France et de l'ost[1] de France : Monsieur de Gaucourt, gouverneur d'Orléans ; Jean d'Alençon et Gilles de Rais, vaillants chevaliers ; Georges de La Tremoille, le " Gros Georges " comme on l'appelle aussi, c'est le Grand-Chambellan et premier ministre du roi, homme double et froid, fourbe, sombre calculateur, souvent cruel, prêteur et banquier du roi, presque tout puissant, car la reine Yolande est là pour le coincer[2] à chaque fois qu'il manigance de grignoter[3] le royaume à son profit. Mielleux, il fait également le clin d'œil aux Bourguignons. On dit qu'il attire l'argent comme l'aimant attire le fer. C'est lui qui fait perdre du temps surtout. Mais cette histoire de pucelle – ne sait-on jamais – pourrait aboutir malgré tout. Alors il délie sa bourse, lui aussi. Il envoie des chars et des chariots, chargés de toutes sortes de victuailles[4], de vin.

Sur des fourgons, gardés par des pages – il y en a six cents qui attendent de partir – s'entassent[5] armes et armures, de la poudre à canon. Les vaches, bœufs et moutons suivent en troupeaux. Tout est prêt pour Orléans.

Et Jeanne où est-elle ? Elle arrive, dressée sur ses étriers[6], sous son armure presque blanche devant la forêt de lances, la marée de casques, les bannières[7]* des religieux et les enseignes des chevaliers, qui se gonflent au moindre souffle de vent. Le départ est prévu pour demain, enfin !

1. **ost** : (n. m.) vieux mot qui signifie 'armée'.
2. **coincer** : (v.) bloquer quelqu'un dans un coin, le laisser sans issue.
3. **grignoter** : (v.) manger de petits morceaux, du bout des dents.
4. **victuailles** : (n. f. pl.) provisions, nourriture.
5. **entasser** : (v.) mettre en tas, en monticule, en pile sans ordre.
6. **étrier** : (n. m.) là où on met les pieds quand on monte à cheval.
7. **bannière** : (n. f.) *ici* drapeau qui sert à se faire reconnaître en bataille.

—Je veux tous les capitaines, ici même, immédiatement ! J'ai à leur parler ! Elle chevauche fièrement au milieu des soldats, pour la plupart d'anciens brigands, et ne se laisse pas intimider, la Pucelle.

—Nom de Dieu ! Pour qui se prend-elle donc, la Pucelle ? Elle n'a jamais été sur les champs de bataille et elle commande, nous voilà bien encadrés, elle croit peut-être mener ses oies dans les marécages ! La Hire, debout dans sa cape rouge tapissée de clochettes, est en train de boire du vin au goulot d'une gourde, et n'a pas du tout l'intention de se laisser commander.

—Monsieur La Hire, crie Jeanne à gorge déployée, folle de rage. Je vous ai entendu et je ne tolérerai pas vos blasphèmes plus longtemps, vous empestez l'air ! Elle lui arrache la gourde de la main et la jette parterre. Et je ne supporte pas non plus le manque de respect, je serais obligée de vous chasser d'ici. La captivité ne vous a pas fait grand bien, au contraire. Vous n'étiez d'ailleurs pas aussi gaillard, quand vous êtes venu vous restaurer chez nous, avec vos hommes. À propos, sachiez que dans mon village on attache les clochettes au cou des moutons et des vaches ! Vous avez dû en tuer un nombre considérable pour en avoir autant à votre pourpoint !

—Bon ! Bon ! Et selon vous, si je dois jurer, sur quoi est-ce que je peux le faire, alors ?

—Hm ! Je ne sais pas, faites comme moi, jurez, sur votre bâton ! Ce qui fait rire tous les soldats regroupés autour d'eux. Messieurs ! continue-t-elle sur le même ton, vous feriez mieux d'aller vous confesser pour vous laver de tous vos péchés. Si vous voulez vaincre, il faut être pur. Demain matin à l'aube ce sera le départ, je dirai aux moines de vous faire tous communier.

—Nom de D…, d'un bâton, nous n'allons tout de même pas en croisade !

—Vous l'avez bien dit ! Considérez-vous en croisade, messieurs, vous serez les soldats du Christ ! Et puis j'ai vu a l'arrière-garde cette horde de ribaudes[8]. Je ne veux pas de ces femmes dans mon armée, c'est indécent !

8. **ribaude**: (n. f.) femme débauchée, femme de joie.

—Mais les hommes, quand ils combattent, ont besoin de ces femmes ! dit Gilles de Rais qui, alerté par le tumulte, est venu, lui aussi, voir ce qui se passait. La femme est le repos du guerrier !

—Pour le type de guerre que nous allons combattre, ils n'y penseront même pas, vous verrez ! Si j'en vois une seule se promener autour du camp, je vous assure que je la jetterai dans le fleuve.

—Te voilà bien à l'œuvre, ma Jeannette !

C'est une voix trop familière pour ne pas la reconnaître ! Elle se retourne, surprise, puis elle descend de cheval, aidée par son écuyer, saute au cou du moine et l'embrasse.

—Frère Martin ! s'exclame-t-elle en s'essuyant une larme qui va tomber, ce qui surprend beaucoup les soldats.

—Frère Martin, ces hommes doivent communier avant de partir, demain matin à l'aube, vous nous aiderez, n'est-ce pas, pour les hosties ?

—Tu peux y compter, ma petite fille ! Je suis ici seulement pour toi. Je ne te quitterai d'un pas.

—Avez-vous des nouvelles de Domrémy, comment vont Zabilet et mon père ? Sont-ils encore contrariés à cause de mon départ ?

—J'ai vu ta mère, seulement, elle est partie en pèlerinage, elle prie pour toi ! Elle te donne cela. Il lui tend un anneau, avec Jesus-Maria inscrit à l'intérieur.

---

* bannière : C'était un symbole, un signe de Dieu. Le nom de Jésus-Maria y était inscrit. Cette bannière se voyait de loin et impressionnait fort les Anglais.

15. De grandes batailles se préparent
Orléans : 30 avril - 1er mai 1428

On ne sait trop de qui était venue cette idée de suivre la rive gauche du fleuve, qui était encore française, alors qu'en face, des villes comme Beaugency et Meung assiégées par les Anglais attendaient d'être libérées. Jeanne, trop instinctive et combative, aurait voulu affronter tout de suite les Anglais. Elle ne devait donc pas être au courant des ultimes dispositions. Mais lorsqu'elle s'approche d'Orléans, elle s'aperçoit de la supercherie[1] car la ville est singulièrement située de l'autre côté du fleuve. Il leur faudra le traverser.

—Jean, Jean ! Elle appelle Jean d'Alençon en criant, hors d'elle.

—Ne devions-nous pas nous trouver devant les murs d'Orléans ?

—C'est pour notre sûreté, Jeanne ! lui répond-il, un peu embarrassé. Peut-être ne savez-vous pas qu'on se bat très mal avec des chariots et des vaches. Il vaut mieux entrer à l'est par la Porte de Bourgogne que les Godons gardent mal.

—Et comment les chariots et les vaches traversent-ils un fleuve ?

—Dunois*, le Bâtard d'Orléans, va venir nous rejoindre avec ses bateaux !

Tout à coup un vent très fort se lève dans la direction opposée, vers l'ouest, ce qui rend impossible la traversée du fleuve et empêche l'expédition de poursuivre son chemin. Là-dessus il se met à pleuvoir. Jean d'Alençon et Gilles de Rais se jettent un regard inquiet ne sachant que faire.

—Et quel vent ferez-vous souffler dans vos voiles ? leur demande alors Jeanne, en regardant le ciel, implacable. Puis sans attendre la réponse, sans se soucier[2] de la pluie, elle s'éloigne d'eux, intrigués. Enfin elle se retourne et leur crie :

—Sur la direction du vent, c'est mon conseil qui décide en tout cas ! Embarquons-nous, vite !

1. **supercherie :** (n. f.) tromperie, embrouille.
2. **se soucier :** (v.) s'inquiéter.

—Ma parole, mais le vent a tourné et il ne pleut plus !

—Voilà le signe que vous attendiez ! dit-elle fièrement.

---

* Dunois, dit le Bâtard d'Orléans parce qu'illégitime. Son père est Louis d'Orléans, assassiné par Jean sans Peur, et son demi-frère Charles d'Orléans est prisonnier des Anglais, à Londres, depuis la bataille d'Azincourt.

---

16. Orléans : première semaine de mai

Grâce à Jeanne, l'armée avait enfin retrouvé son âme mais maintenant, elle est immobilisée depuis presque une semaine dans la ville d'Orléans. On commence à se morfondre[1] dans l'inactivité. Et les habitants d'Orléans, eux aussi commencent à s'impatienter. Ils pensaient être bien vite libérés des assiégeants en voyant arriver les soldats à leur secours et avaient repris espoir. Il fallait attendre cependant. Une expédition était en marche depuis Blois, constituée d'hommes et de matériel plus adaptés car l'ennemi semblait beaucoup plus solide que prévu, d'autant plus – et on venait de l'apprendre – qu'un convoi, conduit par Falstaff, chef redouté[2] de l'armée anglaise, avait quitté Paris pour appuyer les assiégeants[3]. L'ennemi non plus, ne peut se battre sans renforts et les déserteurs anglais que l'on voit fuir de par les champs, à cause du manque d'approvisionnement d'abord mais aussi parce qu'ils ne perçoivent plus de solde[4] depuis des mois, ne doit pas être interprété comme signe d'impuissance. Il était donc nécessaire de tabler[5] sur le facteur temps pour assurer l'avantage et envisager la victoire

---

1. **se morfondre** : (v.) s'ennuyer.
2. **redouté** : (part. pass.) craint, dont on a peur.
3. **assiégeant** : (n. m.) ceux qui encerclent une ville pour obliger ses occupants à se rendre.
4. **solde** : (n. f.) somme versée aux soldats.
5. **tabler** : (v.) compter.

finale, dans l'un et l'autre camp. On a pourtant l'impression que quelqu'un préférerait plutôt négocier, se vendre au meilleur offrant, voir Philippe Le Bon, duc de Bourgogne, et ses Bourguignons devenir maîtres du royaume, les Anglais rendre la France à leur trop jeune roi Henri VI ; parmi les proches du Dauphin quelques-uns donneraient davantage de crédibilité aux Anglais.

Et Jeanne se promène sur les remparts de la ville et vadrouille[6] le long des fortifications anglaises. Alors que la Loire coule paisiblement à travers les champs et les forêts, une scène de guerre impressionnante se présente à elle, au-delà du fleuve, au sud de la ville, de l'autre côté de l'unique pont dépourvu de quelques arches que les habitants avaient déjà fait sauter pour décourager les assaillants[7].

—Cette bâtisse que vous voyez là devant vous, tout près, lui explique Maître Boucher, trésorier de la ville chez qui loge la Pucelle, c'est le fort des Tourelles et derrière, un peu plus loin, c'est la bastille des Augustins. Au-delà de cette île étirée en longueur, que vous apercevez sur votre droite, c'est la bastille Saint-Jean-le-Blanc et celle de Saint-Loup, le dispositif de défense anglaise.

Jeanne ne tient vraiment plus en place. Frère Martin lui a appris à signer son nom. Aussi elle envoie des messages d'intimidation aux Anglais et ceux-ci qui sont superstitieux lui répondent d'une façon plutôt blessante et vulgaire, la traitant de sorcière, de putain.

—Le jour où je signerai d'une croix*, cela voudra dire que je penserai le contraire de ce que j'ai écrit ! Rappelle-toi bien cela, mon Frère. Confie-t-elle tout à coup au moine.

C'est le mercredi 4 mai que Dunois, le Bâtard, entre enfin dans la ville d'Orléans avec les renforts. Et on va certainement finir par bouger !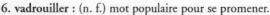

6. **vadrouiller** : (n. f.) mot populaire pour se promener.
7. **assaillant** : (n. m.) attaquant.

* À la fin de son procès, Jeanne a été obligée de signer un document contenant les huit chefs d'accusation qui la condamnaient à la captivité à perpétuité. Elle a signé d'une croix même si elle était parfaitement capable d'écrire son nom.

17. Saint-Loup : jeudi 5 mai

Le lendemain à l'aube, en effet, Jeanne est réveillée en sursaut par un branle-bas[1] fracassant.

—Louis, Louis ! Elle appelle son page, Louis de Coute, qui lui a été confié par le roi. Louis, arme-moi, vite, ils ont attaqué. Tu iras prendre aussi mon cheval et mon étendard[2] !

—Cela vient de la bastille Saint-Loup ! lui crie Jean d'Aulon, l'intendant, qui arrive à bout de souffle pour venir en aide à la pucelle. C'est La Hire avec un corps de milice qui mènent l'attaque, par la Porte de Bourgogne.

Dans son armure blanche, alors que tout brûle autour d'elle, Jeanne atteint les positions d'attaque. Tout est terminé, à présent, la bastille Saint-Loup est détruite. Il y a des morts partout, des blessés qui gémissent[3] et se plaignent[4].

—Épargnez les prisonniers ! crie-t-elle. Frère Martin, frère Martin ! Elle va d'une position à l'autre, frappe de son épée ceux qui tentent encore désespérément une ultime offensive et qui se jettent sur elle pour la faire basculer[5] de cheval. Puis elle rebrousse chemin[6].

—Frère Martin ! répète-t-elle sans cesse. Il y a des âmes qui ont besoin de ta bénédiction, vite !

La bastille Saint-Loup était isolée du reste du système défensif anglais, il était donc assez facile de la prendre. Les

1. **branle-bas :** (n. m.) beaucoup de bruit.
2. **étendard :** (n. m.) grande bannière.
3. **gémir :** (v.) pousser des cris de douleur.
4. **se plaindre :** (v.) ne pas être content, se lamenter.
5. **basculer :** (v.) tomber.
6. **rebrousser chemin :** (loc.) faire marche arrière, reculer.

Anglais se sont retranchés aux Augustins et dans les Tourelles. C'est la fin du jour et les soldats sont épuisés[7].

—On les a bottés pour cette fois-ci, commente La Hire, mais ce n'est que le commencement car il faudra les déloger des Augustins et des Tourelles et ils sont 6 000 là-dedans, à ce que l'on dit !

Alors on hésite encore, parce que certains seraient favorables à une trêve. Il y a toujours les intérêts des notables en jeu. Une armée, cela coûte cher !

18. Les Tourelles : 7 mai 1429

Tant que le moral est haut, après cette première victoire, il faut continuer à frapper ! C'est l'opinion de Gilles de Rais, qui contraste avec celle du gouverneur Beaucourt. Ce dernier est favorable à une trêve. Pour combien aurait-t-il vendu la ville d'Orléans ?

Gilles de Rais se moque du gouverneur et comme Le Bâtard d'Orléans a enfin ramené les renforts de Blois, il monte un plan de bataille et rassemble le lendemain matin tous ses gens d'armes.

Jeanne arrive en plein milieu de la discussion, furieuse de ne pas avoir été avertie. On décide d'abord d'approcher Saint-Jean-de-Blanc qui est plus à l'ouest. Mais la bastille semble vide. On voit en effet au loin des Anglais qui s'enfuient pour rejoindre les Augustins et La Hire qui s'est déjà lancé à leur poursuite. Puis l'armée arrive aux pieds des Augutins. Ici aussi, tout semble abandonné mais La Hire, qui a l'œil vif, remarque des ombres aux meurtrières[1]. S'agit-il d'un piège[2] ? Il faut redoubler d'attention. Effectivement, les chefs d'armes français n'ont pas fini de se consulter, que tout à coup les portes de la bastille s'ouvrent et des centaines d'Anglais se

---

7. **épuisé** : (adj.) très fatigué.

1. **meurtrière** : (n. f.) ouverture étroite dans la muraille d'une fortification.
2. **piège** : (n. m.) moyen pour essayer de tromper quelqu'un.

ruent[3] contre les positions françaises. Les Français répondent promptement à l'attaque et les Godons battent en retraite. C'est alors que les Français pénètrent à l'intérieur de la bastille pour achever le massacre. Tout cela ne paraît pas trop dur, les pertes ne sont que minimes pour les Français. Que réservent donc Les Tourelles ? On va se reposer à présent, la nuit tombe, elle porte conseil. Il faut construire des échelles[4], apporter des fagots[5] pour franchir les fossés[6], aiguiser[7] les haches et les poignards, graisser les arbalètes[8]. On enverra à l'avant une milice de piétons et on essaiera de s'engouffrer derrière avec le reste de l'armée. En attendant on se jette goulûment[9] sur les victuailles que les habitants d'Orléans apportent généreusement pendant toute la nuit. Et, alors que l'aube pointe déjà à l'horizon, la peur, tout à coup, commence à se faire sentir. Même La Hire prie à haute voix.

—Il faut y aller, Jeanne ! lance Gilles de Rais toujours vaillant. Les hommes croient en toi, vas-y ! Montre ton étendard, nous te suivrons ! Il observe, troublé, la Pucelle qui s'éloigne en silence, coutumière de passer beaucoup de temps en oraison[10]. C'est drôle, pense-t-il, je la désire parce qu'elle est belle mais je ne pourrais jamais la toucher, il y a quelque chose de sacré en elle !

—Frère Martin, dit-elle brusquement, il y aura beaucoup de travail pour toi et tes moines, aujourd'hui ! Je t'en prie, reste toujours près de moi car pour moi aussi le sang va couler, aujourd'hui, mais rassure-toi, nous aurons chassé les Anglais avant la tombée de la nuit.

---

3. **se ruer** : (v.) se précipiter.
4. **échelle** : (n. f.) instrument que l'on pose contre un mur pour atteindre un lieu élevé.
5. **fagot** : (n. m.) des morceaux de bois que l'on lie ensemble.
6. **fossé** : (n. m.) une tranchée creusée le long d'une route ou d'un château.
7. **aiguiser** : (v.) rendre coupant.
8. **graisser les arbalètes** : (loc.) passer de la graisse sur des armes ressemblant à des arcs et que l'on utilisait au Moyen-Age.
9. **goulûment** : (adv.) avec grand appétit.
10. **en oraison** : (loc.) en méditation.

Elle monte son cheval blanc, Pollux, fidèle compagnon de toutes les campagnes, cadeau de Jean d'Alençon qui lui, ne peut encore combattre tant que sa rançon ne sera pas payée. Puis elle brandit son étendard, elle crie son " ahay " si entraînant. Les hommes la suivent en criant eux aussi. Ils croient en elle.

On s'était battu pendant de longues heures sans avancer. C'était exténuant pour les assaillants. Les malheureux tombaient des échelles, meurtris[11], souvent hérissés de flèches ou transpercés de lances, la tête entaillée à la hache. Jeanne ne se décourageait jamais, elle était comme endiablée, l'étendard à la main.

Elle grimpe, elle aussi, à l'échelle pour trouver un passage et pénétrer au-delà des murs.

—Jeanne est blessée ! crie tout à coup La Hire qui l'a vue tomber. Vite, il faut la ramener !

Louis de Coutes, l'écuyer, et Jean d'Aulon se précipitent auprès de Jeanne qui a déjà perdu beaucoup de sang. On est inquiet pour elle. Un vireton d'arbalète[12] lui a perforé carrément l'épaule. Elle est transportée au campement avec précaution. La blessure est profonde mais n'a touché fort heureusement aucune partie vitale. Le chirurgien lui extrait la flèche d'un geste sec. Elle pousse un cri de douleur et s'évanouit[13].

—Non ! proteste-t-elle, malgré la douleur, quand elle revient à elle. Je ne veux pas de ces pratiques de sorcier[14], du lard et de l'huile, c'est tout ! Voilà ce qu'il faut pour panser la blessure ! Frère Martin, dis-moi, je vais mourir ? Jean, je vais mourir ? Aidez-moi à m'asseoir ! Où est ma bannière ?

—Prenez la bannière vite ! ordonne Gilles de Rais, mettez-la bien en vue, montrez-la bien, les Godons la croit morte, notre Jeanne !

11. **meurtri** : (part. pass.) blessé surtout moralement.
12. **vireton d'arbalète** : (n. m.) flèche.
13. **s'évanouir** : (v.) perdre les sens.
14. **sorcier** : (n. et adj.) figure qui a des pouvoirs magiques.

Puis Jeanne se hisse en s'appuyant sur Frère Martin, elle a comme un vertige et elle chancelle[15] mais se reprend rapidement. Elle appelle Louis, son écuyer. Elle veut monter à cheval.

—Tout doit être terminé avant la tombée de la nuit ! dit-elle. La journée est effectivement bien avancée, aussi elle dirige son cheval vers les murs, récupère à demi avachie sur l'encolure de Pollux, son étendard au passage, puis se pousse en avant et relance les troupes de son cri " ahay ".

Les Anglais entre-temps ont avancé remarquablement mais ils commencent à perdre pied et c'est à ce moment-là que les Français mènent l'assaut sur toutes les faces de la forteresse, remettent en place les échelles en se protégeant avec de grands écus en bois. À ce moment, de l'autre côté de la forteresse, on aperçoit du feu. Les habitants d'Orléans n'ont pas chômé pendant ce temps. Ils ont envoyé des boulets de soufre[16] et de poix[17] contre le pont, sur la façade opposée. Le feu se propage maintenant à toutes les structures en bois, le long des Tourelles. Les Anglais qui avaient déjà baissé le pont-levis pensant de cette manière faire rebrousser chemin aux Français qui montraient des signes de faiblesse, se voient pris entre deux feux. Ils ne peuvent ni se retirer à l'arrière par le pont, à cause des flammes ni hisser[18] le pont-levis, pris d'assaut par les Français.

—Allons-y ! crie Jeanne encore une fois. Ahay ! Les Godons n'ont plus de force !

On la suit pour pénétrer à l'intérieur des Tourelles. Les Anglais sont pris dans le carnage qui est inévitable. Orléans qui était assiégée depuis le 12 octobre 1428 est sauvée enfin !

---

15. **chanceler** : (v.) perdre l'équilibre.
16. **soufre** : (n. m.) substance qui s'enflamme très rapidement, que l'on voit sur le bout des allumettes.
17. **poix** : (n. m.) résine collante.
18. **hisser** : (v.) soulever.

19. D'autres batailles pour la couronne !
Loches, Juin 1429, au château du roi

C'est dans une salle du château de Loches que les membres du conseil du Dauphin Charles se sont réunis. Les avis sont partagés et on perd du temps précieux dans les discussions alors qu'il faudrait agir au plus vite, Jeanne le sent bien. Le Dauphin écoute, en silence.

—Proposons donc une trêve à Philippe de Bourgogne ! Gaucourt, le gouverneur d'Orléans, s'empresse de prendre la parole, il est fatigué de cette guerre et du long siège subi à Orléans. Il est temps de penser à la paix, dit-il, les peuples en ont assez de souffrances !

—Quoi ? Comment peux-tu concevoir une telle solution, Gaucourt ? demande Gilles de Rais, pour le peu irrité, l'Anglais est blessé mais encore puissant et il s'est retiré dans ses villes mais certainement pour se renforcer. Ce n'est pas le moment de baisser les bras !

—Les hommes de guerre oublient trop souvent la diplomatie et la politique et vous voilà homme de guerre, Gilles, à ce que je vois ! Régnault de Chartres, archevêque de Reims est présent lui aussi.

—Il y a un temps pour la colère et un temps pour la paix ! On aurait tous beaucoup plus à gagner à la paix, ajoute là-dessus Georges La Trémoille.

—La paix, la paix, comment pouvez-vous parler de paix, interrompt Jeanne, avec les Anglais encore sur notre territoire !

—Est-ce qu'on ne pourrait pas la faire taire ? murmure La Trémoille, s'adressant au roi.

—Je ne peux retenir la question, mon Chambellan, dit ce dernier, mais je vais vous répondre. Jeanne est ici, assise à ma droite, pour ce qu'elle a fait. J'ai d'ailleurs anobli sa famille et donc, elle aussi, a le droit de parler, tout comme nous tous. Continuez, chambellan !

—Il faut tourner la page maintenant, Sire, laisser de côté la guerre, nous avons besoin de la sagesse. Philippe de Bourgogne a tout à gagner à une trêve, il a vu que les Anglais sont susceptibles à présent et il ne peut refuser.

—Pourquoi devrait-il accepter la trêve, dans quel but ? réplique le roi. Vous oubliez qu'il me hait, qu'il y a des questions de sang entre nous !

—Il changera et il vous portera respect, Monseigneur, puisque vous avez vaincu les Anglais.

—Monsieur La Trémoille et moi, nous sommes trop bien placés pour vous l'assurer, vous le savez, Charles, ajoute Régnault de Chartres qui était resté tout ce temps taciturne ; il soutient La Trémoille car il connaît sa ruse.

—Il est tellement facile de parler ! Jean d'Alençon* se lève brusquement, hors de lui. Vous n'avez pas perdu votre père, vous, ni vos terres, ni vos châteaux, dit-il presque en criant.

—On est en train de s'écarter des faits et donc du chemin, ajoute le Bâtard d'Orléans, déterminé. Il est trop tôt pour une trêve et aussi pour la paix et la Normandie peut attendre pour le moment. C'est à Beaugency, Auxerre, Patay, dans les villes de la Loire qu'il faut aller et y déloger[1] l'Anglais qui peut encore nous nuire, qui n'est pas encore anéanti[2], détrompez-vous[3] !

—C'est ce que je pense aussi, approuve le roi, et comme tu as cette hargne[4] au combat, d'Alençon, je te nomme, cher cousin, chef d'armée pour la campagne de la Loire.

—Sire, vous lui donnez ce rang alors qu'il est absent de l'armée depuis des années ? interroge Gilles de Rais qui se voit encore privé de ce titre.

—Assez ! Je suis le roi et je sais ce que je fais !

—Le roi ? s'exclame Jeanne. Vous n'êtes pas roi du tout ! Où est votre couronne, gentil Dauphin ? Sans couronne, vous ne régnez nulle part et on peut régner à votre place. Le royaume de France et d'Angleterre ne peut être un seul et unique royaume ! C'est à Reims qu'il faut aller. Je veux aller à Reims pour vous y faire sacrer.

—Vous ne voulez tout de même pas aller en Bourgogne

---

1. **déloger** : (v.) faire partir quelqu'un de l'endroit où il s'est installé.
2. **anéantir** : (v.) détruire.
3. **se détromper** : (v.) montrer à quelqu'un qu'il se trompe.
4. **hargne** : (n. f.) mauvaise humeur qui rend désagréable.

sur les terres de Philippe ? Il faudra prendre Auxerre, Troyes, se hâte de répliquer le chambellan, La Trémoille.

—Messieurs, s'impose le roi, je veux me retirer, si vous permettez, pour pouvoir réfléchir à tout cela.

* Jean d'Alençon : il a été prisonnier à Azincourt et on a dû payer un forte somme pour sa rançon ce qui l'a mis hors combat pendant de nombreuses années. Il avait des terres en Normandie qu'il a perdues. Il avait pour épouse Jeanne d'Orléans, la sœur de Charles d'Orléans cousin du Dauphin de France.

20. Patay, le soir du 18 juin

La plaine[1], à quelques dizaines de lieues au nord-ouest d'Orléans, s'étend à perte de vue. Ici il n'y a plus de paysans qui s'occupent du foin ou de la moisson. Seuls les hurlements et les gémissements s'élèvent dans le silence. Les corbeaux[2] commencent à arriver, attirés par ces monticules de chair[3], ces cadavres de chevaux, éparpillés[4] sur toute l'étendue. Quelques soldats traînent des corps inanimés encore intacts pour les mettre en tas tandis que[5] d'autres creusent des fosses pour la sépulture car la chaleur est particulièrement lourde ce soir et les épidémies guettent, les renards aussi. Des restes d'armures, des chariots amputés de roues sont délaissés un peu partout. Des groupes d'hommes se déplacent d'un mort à l'autre pour leur extraire armes ou vêtements encore utilisables.

—Ils disent que les Français n'avaient jamais gagné une bataille comme cela, en pleine campagne.

1. **plaine** : (n. f.) étendue entre les montagnes.
2. **corbeau** : (n. m.) oiseau noir que l'on aperçoit très souvent dans les champs.
3. **chair** : (n. f.) viande, tout ce qui est autour des os.
4. **éparpillé** : (part. pass.) répandu.
5. **tandis que** : (conj.) pendant que.

—Oui, répond Jeanne, d'une voix faible et triste. Ils ont subi au moins deux mille morts, ils ont été punis. Elle pousse un soupir[6]. Frère Martin, veillez[7] à ce que tous aient une digne sépulture.

—Tu ne veux pas mourir, hein ? Je te dis de crever[8] ! Non loin de là, un soldat a pris la tête d'un blessé et la heurte[9] violemment contre le sol dur. Tout à coup il sent dans le dos une épée qui le pénètre.

—Laisse-le ! Veux-tu le laisser ! Va-t-en, lui crie Jeanne. Le soldat se sauve[10]. Jeanne s'agenouille[11], prend dans ses bras la tête pleine de sang du jeune Anglais à terre, qui vient d'expirer, et la berce et pleure[12], pleure à grosses larmes. Je n'ai fait qu'obéir, je n'ai fait qu'obéir !

21. En dehors des champs de bataille
Château de Sully sur Loire, la nuit suivante

Une silhouette mystérieuse attend dans un des nombreux couloirs du château. Le Dauphin Charles s'est retiré tôt ce soir, dès que l'obscurité est tombée, comme s'il ne voulait plus partager l'horreur de ce monde qui l'entoure.

—Je crois qu'on pourrait attendre demain matin pour donner les dernières nouvelles au roi, ne pensez-vous pas, Chancelier ? Régnault de Chartres, archevêque de Reims vient d'entrer au château en habit de chevalier, singulier pour un homme d'église. C'est ce que Georges La Trémoille contraste.

6. **pousser un soupir** : faire sortir de l'air des poumons en exprimant le soulagement.
7. **veiller** : (v.) garder, regarder, faire attention.
8. **crever** : (v.) *ici* pop. mourir.
9. **heurter** : (v.) toucher violemment.
10. **se sauver** : (v.) partir rapidement parce qu'on a peur d'être pris.
11. **s'agenouiller** : (v.) se mettre à genoux.
12. **pleurer** : (v.) expression de tristesse qui fait venir les larmes aux yeux.

—C'est encore une victoire, n'est-ce pas ? lui lance celui-ci.

—Oui, c'est presque gênant, Chambellan ! répond-il apparemment surpris de la présence du ministre.

—Cette fille commence à nous gêner, tout procède beaucoup trop rapidement à mon goût ! Elle a pris Meung, Beaugency, maintenant Patay !

—Elle ira à Troyes sans difficultés et puis elle aura Reims à ses pieds et les portes de Paris qui s'ouvriront. Les bourgeois lui donnent les clés des villes sans même combattre. Mais il n'y a pas seulement les Anglais, rappelle Régnault.

—Il y a Bourgogne aussi et plus les Anglais s'affaiblissent et plus Philippe se renforcera… Et plus nos négociations avec lui seront difficiles et stériles ! Nous, mon cher, c'est le trésor !

—La reine Yolande a manœuvré Jeanne comme un pion, mais elle va trop vite à dame et menace notre jeu. Elle, c'est les terres, elle a maintenant tout l'Est qui se relie avec le Sud.

—C'est pour cela que je n'aime pas quand Charles s'occupe trop de guerre, je le domine mieux dans le calcul. Notre Jeanne aura certainement fait des fautes que le Dauphin ne devrait pas ignorer…

22. Vive le roi !

Le roi Charles VII* est finalement seul dans sa chambre. Il a préféré laisser les rideaux de son lit ouverts pour contempler la pleine lune. Ses petits yeux enfoncés[1] et sa lèvre inférieure tombante lui donnent une expression perplexe et incertaine. Il joue avec son chapelet[2], le regard absent.

—Me voilà roi de France ! se dit-il. Je tiens ce royaume de Dieu même. Dieu m'a désigné et j'ai voulu ce mystère.

1. **enfoncé** : (part. pass.) qui va en profondeur.
2. **chapelet** : (n. m.) on l'utilise pour prier.

Roi de France ? songe-t-il[3], consterné. De quel France ? Du pays de la Loire, pas plus ? La France ne serait-elle pas trop grande pour l'avoir toute entière et tout de suite. Je n'aime pas me presser, je n'aime pas aller trop vite dans les décisions. Elle pèse déjà trop lourd pour moi, cette couronne ! Mon Dieu, qui mettra fin à tous nos conflits ? Ces âmes guerrières qui sillonnent[4] encore les couloirs de mes châteaux ne peuvent-elles pas s'apaiser ? Quel tourbillon, quel remue-ménage[5] partout ! Ils n'ont pas tort s'ils veulent continuer la guerre, ils ont été offensés. Mais Jeanne ? Quel pouvoir a-t-elle pour qu'on la suive ainsi, de bataille en bataille ? Et je l'ai suivie, moi aussi. Elle va trop vite, elle est endiablée. Nous n'arriverons jamais dans Paris et peut-être que Bourgogne va proposer la trêve ! Combien d'années sont passées depuis la mort de mon pauvre père ? C'était la première fois que j'entendais le mot " règne " et que le sens de ce mot se répercutait dans ma tête. Cela m'a fait trembler alors. Régner, en avais-je bien le droit ? En avais-je le sang ? Moi, que l'on appelait bâtard ! Mais c'est moi que Dieu a désigné pour porter la couronne.

Et que dois-je faire à présent ? Tout chavire[6] autour de moi, les Anglais, Bourgogne mon pire ennemi, mon conseil ! Je ne sais plus. Je rentrerais bien à Chinon ! Non, à Bourges ! C'est mieux pour la chasse. Que l'on arrête donc de me bousculer ! Je n'aime pas que l'on me presse ! Qu'ils fassent à ma place ! Chasser, voilà ce que je désirerais ! Et le soir retrouver une bonne petite femme sous les couvertures. Je n'en peux plus d'aller de ville en ville et de remercier le peuple parce qu'il s'est sacrifié pour la couronne. Ce petit peuple, bruyant et jacassant[7], grossier et puant[8], sale, ne lui ai-je pas donné ce qu'il voulait ? Qu'il me laisse à présent ! Concluons pour la paix et que je puisse vite m'en retourner vers la Loire.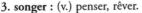

---

3. **songer** : (v.) penser, rêver.
4. **sillonner** : (v.) labourer, creuser des sillons, traverser en tout sens.
5. **remue-ménage** : (n. m.) désordre, bruit de désordre.
6. **chavirer** : (v.) se renverser comme un navire qui se retourne.
7. **jacasser** : (v.) pousser un cri qui ressemble à celui de la pie.
8. **puer** : (v.) sentir mauvais.

* Charles VII a eu une enfance bien difficile puisque son père Charles VI était dément et que sa mère était une débauchée. On l'a même soupçonné d'être bâtard. Après la mort de Jeanne, il a su reprendre la situation en main et a chassé les Anglais hors de France.

23. Une lettre

Non loin de Compiègne, au nord-ouest de Reims, au château de Beaulieu-Les-Fontaines, deux hommes se consultent de bon matin devant leur jatte[1] de lait. C'est le 19 Juillet 1429, le lendemain du sacre. L'un d'eux lit une lettre à haute voix.

" *Haut et redouté prince, duc de Bourgogne, Jeanne la Pucelle vous requiert, de part le roi du Ciel, que le roi de France et vous fassiez bonne paix ferme qui dure longuement et vous prie, à mains jointes, de ne pas guerroyer contre nous.*

Mais soyez sûr que quel que soit le nombre de vos soldats vous ne gagnerez point bataille à l'encontre des loyaux français et ce sera grande pitié de sang qui sera répandu… "

—Cette fille me gêne[2] Jean, voilà ce qu'elle ose m'envoyer ! Philippe de Bourgogne vient d'interrompre la lecture de la lettre qu'il tend à son capitaine Jean de Luxembourg. Elle me prie et me défie en même temps, mais je ne comprends pas, pourquoi le fait-elle ?

—On ne peut pas dire qu'elle le fasse pour de l'argent, ni pour l'honneur ! réplique le capitaine.

—Toute l'Europe s'attend à voir Charles reprendre Paris et, avec cette gamine, il y arrivera sûrement. Tu te rends compte Jean, s'il devait reprendre son royaume, pour l'Angleterre cela serait la fin !

1. jatte : (n. f.) petit récipient pour boire du lait.
2. gêner : (v.) déranger.

—Et pour nous aussi, Monseigneur. Les Anglais nous paient pour que nous maintenions l'équilibre en territoire français.

—Je vais envoyer deux émissaires, suggère Philippe, l'un à Paris pour rencontrer Bedford, l'autre à Reims pour dire à La Trémoille et à Régnault et éventuellement au roi, que je ne les empêche pas de monter à Paris mais que je propose une trêve de quinze jours d'abord, le temps que mes troupes descendent de Picardie. La Trémoille ne refusera pas, vous verrez !

—Attention, Monseigneur, interrompt Jean de Luxembourg en prenant un fruit dans la coupe au milieu de la table, devant une armée de 20 000 hommes, proposer une trêve alors que nous sommes en position de vaincus, nous donnerait un gros désavantage…

—Pour cela n'ayez crainte[3], notre petit roi doit être déjà fatigué de faire la guerre. Et notre ami Bedford aura de quoi nous récompenser. Bourgogne sort des parchemins d'un petit coffre et les déplie sur la table.

—Je suis là, dit-il et il met bien l'accent sur le " là " alors qu'il parcourt de l'index la ligne de démarcation de ses terres, dans *ma* Bourgogne. Et *ma* Flandre est là, comment pourrais-je oublier la Champagne qui est juste au milieu ? Je veux la Champagne, tu m'entends, Jean ? Je la veux !

—Et la fille ?

—Laissons-la hors de tout cela ! dit-il d'un ton soudain très doux.

24. Compiègne : mars 1430
Les temps de gloire sont bel et bien finis !

Les faits évoluent avec lenteur, d'abord. Puis les évènements se précipitent tout à coup. Jeanne et ses compagnons, Jean d'Alençon, Gilles de Rais, La Hire, Frère Martin – toujours là pour réconforter la Pucelle – ont accompli un dernier assaut des remparts[1] de Paris*. Jeanne

---

3. **crainte :** (n. f.) peur.

1. **rempart :** (n. m.) fortification, muraille autour d'une ville.

voulait à tout prix libérer la ville. Mais c'est un acte trop ambitieux qui mène à l'échec. Les assaillants n'ont pas le support nécessaire en matériel et les murailles de la ville capitale sont trop bien gardées par les Anglais qui eux, en revanche, ont reçu des renforts consistants. Que se passe-t-il donc ? Quelque chose d'incompréhensible échappe aux Français ! De plus Jeanne a été blessée à la cuisse par une flèche pendant l'attaque et au même moment, l'ordre de cesser tout combat est arrivé : le roi venait d'accepter la trêve de quinze jours proposée par Bourgogne. C'est alors que la grande et glorieuse armée a dû se diviser. Chacun est rentré dans ses terres et même Frère Martin a été rappelé pour une autre mission.

—Quelqu'un m'a trahi et je n'entends même plus mes voix, lui avait dit Jeanne avant son départ, les yeux remplis de larmes. Il faut que je me hâte[2]. Je sens que je n'en ai plus pour longtemps, Martin, ils vont me prendre ! Prie pour moi, Mon Frère !

À Calais depuis quelque temps on signale d'énormes troupes qui débarquent de l'Angleterre. On dit même que le jeune roi Henri VI** fait partie de cette expédition. Les Anglais tentent l'impossible pour récupérer le trône de France. Ils se dirigent vers Reims où Henri sera sacré. Et comme ils ont livré[3] la Champagne aux Bourguignons qui leur avaient envoyé les renforts à Paris, la capitale étant encore sauve, la route pour le sacre est toute tracée.

Bourgogne, le duc, révèle enfin son vrai visage. Son plan avait été bien conçu : gagner du temps pour rassembler les troupes. Sans hésiter, avec les Anglais à ses côtés, il peut maintenant attaquer Compiègne, à l'ouest de Reims, la ville refusant de se plier à son autorité. Jeanne ne supporte pas cet affront insolent de la part de l'ennemi et – de sa propre initiative cette fois – repart au combat avec une poignée d'hommes seulement, sans épée et sans matériel.

---

2. **se hâter :** (v.) faire vite.
3. **livrer :** (v.) remettre quelque chose entre les mains de quelqu'un.

Elle se retrouve alors tout à coup encerclée et personne ne peut intervenir. C'est fini pour elle, l'ennemi la tient.

---

* Paris est sous la domination des Bourguignons d'abord, puis à la suite de l'assassinat de Jean sans Peur, c'est le régent Bedford qui gouverne la ville. Ce n'est qu'en 1436 que Paris ouvrira ses portes aux Français.

** Henri VI (1421-1471) fut couronné roi de France et d'Angleterre le 16 décembre 1431, il perdit toute ses possessions en France à la fin de la guerre des Cent Ans et par conséquent également la confiance du peuple anglais ce qui engendra l'anarchie dans le pays. Il mourut assassiné.

---

25. L'évêque Cauchon* ne comprend plus

Je savais que l'ordre est la condition de toute chose du chaos. Dieu nous commande d'imposer la rigueur de la foi à ce siècle qui croit ne pas avoir besoin de l'Église, ni de ses ministres pour trouver le Ciel. Une seule couronne qui réunisse la France et l'Angleterre, c'est l'ordre et c'est ce que nous avons soutenu, comme nous soutenons une Europe, où l'Église pourra faire entendre sa voix fermement sans schisme[1]**. Au moment où il va y avoir un concile – et nous craignons[2] fort d'autres divisions – l'Église avait grand besoin d'une cause qui lui permette de ramener l'ordre dans les esprits. Je pensais qu'un procès sans ombres, révélant toute vérité sur les actions criminelles d'une folle qui s'était égarée de l'Église, pouvait nous servir pour rappeler la loi. Il y a trop d'agitateurs errants qui puent l'hérésie, qui sont la voix du Diable. Je ne voulais pas la livrer aux Anglais qui ne pensent qu'à la brûler pour mettre rapidement fin à la

---

1. **schisme** : (n. m.) séparation.
2. **craindre** : (v.) avoir peur.

superstition qui ankylose[3] leurs armées. Ils n'en feront qu'une martyre dans l'esprit des peuples. J'ai accompli mon devoir mais quelque chose d'inaccessible existe, une lumière que je ne pourrai jamais voir. Que savons-nous des clairvoyants ? Jeanne, c'est vrai, avait la beauté du Diable, mais aussi la pureté de l'innocence. Dieu l'a faite femme et guerrier à la fois. Je n'ai pas réussi à plier son âme ; sa foi était plus forte que la mienne et elle a triomphé. Le peuple a triomphé.

Dans son cabinet[4] de travail, une longue pièce mal éclairée[5], Pierre Cauchon vient de s'agenouiller à son prie-Dieu.

—Que l'humilité des aveugles nous soit donnée en grâce ! dit-il devant lui, le regard arrêté sur le crucifix. Jeanne, tu as été obstinée. Oui je l'ai été... Tu as vu les signes parce que Toi tu l'a voulu... Oui, Moi, je l'ai voulu... Tu as été égoïste et cruelle... Oui, je l'ai été... *Ego te absolvo in nomine patris et filii et spiritus sancti*... Amen...

Rouen, le 30 mai 1431 🎧

* Pierre Cauchon : (1371-1442) évêque de Bauvais rallié au parti bourguignon ; il préside le tribunal qui va juger Jeanne, et en choisit les membres : 40 juges en tout. Il va également suivre toutes les négociations pour racheter la Pucelle à Philippe de Bourgogne.

** schisme : Le grand schisme d'occident (1378-1418) divisa l'Église ce qui donna lieu à différents sièges papaux, Rome et Avignon, et à d'incessantes querelles au Saint-Siège.

3. **ankyloser** : (v.) priver de toute activité physique.
4. **cabinet** : (n. m.) pièce pour travailler, bureau.
5. **éclairé** : (part. pass.) plein de lumière.

Chapitres 1-4

1. Réponds aux questions suivantes.

a) Pourquoi le 30 mai est un triste jour ?

....

b) Quelle faute Jeanne d'Arc a-t-elle commise ?

....

c) Quel jeu politique la mort de Jeanne d'Arc couvre-t-elle ?

....

d) Quels sont les pays qui combattent et pourquoi ?

....

e) Où se trouve Domrémy ? Pourquoi est-il important ?

....

f) Pourquoi les paysans retournent-ils leur fourche avant de reconnaître Frère Martin ?

....

g) Qu'apporte le moine aux enfants ?

....

h) Pourquoi les habitants de Domrémy et ceux de Maxey n'ont-ils pas de bons rapports ?

....

2. Complète les phrases suivantes par les prépositions qui conviennent.

a) Je vais venir .... bus.

b) Nous viendrons .... vous après le dîner.

c) Le franc a été remplacé .... l'euro.

d) Il va au bureau .... pied.

e) Le supermarché est .... le parking et la boulangerie.

f) On mangera .... le film.
g) Ne te mets pas .... lui, cela peut être dangereux !
h) Une vie .... amour n'a aucun sens.
i) La souris s'est cachée .... le divan.
j) Ils iront .... train .... Vienne .... Paris.

3. Trouve le contraire des adjectifs suivants.

- triste ....
- dur ....
- grand ....
- froid ....
- laid ....
- mouillé ....
- long ....
- intelligent ....
- timide ....
- lourd ....
- poli ....
- large ....

4. Complète les phrases.

a) Jacques d'Arc est ....
b) Jeanne d'Arc s'habille ....
c) Le roi de France s'appelle ....
d) La guerre qui fait rage est celle ....
e) Jeanne est appréciée pour ....
f) Frère Martin est ami de ....
g) Les enfants de Domrémy et de Maxey ....
h) Plusieurs textes racontent ....

5. Trouve l'intrus.

tricot – chaussette – culotte – manteau
glace – crêpe – miroir – rôti

cahier – verre – papier – crayon
été – chaleur – chaudron – soleil
fourchette – cocotte minute – poêle – casserole
bas – talons – rouge à lèvres – pyjama
bruine – brouillard – bouillon – giboulées
respiration – sourire – larme – soupir

6. Relie chaque mot à sa définition.

a)	écorce	-	critiquer
b)	clergé	-	pierre
c)	blâmer	-	gardien de moutons
d)	secouer	-	fantaisie
e)	caillou	-	partie extérieure de l'arbre
f)	fléau	-	calamité
g)	berger	-	hommes d'Église
h)	imagination	-	remuer

7. Mets les phrases au passé composé.

a) Frère Martin s'arrête près de l'arbre.

....

b) Jeanne combat pendant deux ans.

....

c) On la capture et on l'emmène en terre ennemie.

....

d) Le moine s'approche du village.

....

e) Les enfants s'agitent.

....

f) Les temps sont durs.

....

g) Tout le monde comprend ce qu'il se passe.

....

h) On se pose mille questions.

....

1. Vrai (V) ou faux (F) ?

	V	F
- Frère Martin est ami intime des parents de Jeanne d'Arc.	☐	☐
- Zabilet refuse de croire à la prédiction de Merlin l'Enchanteur.	☐	☐
- Jeanne va se marier.	☐	☐
- Jeanne rêve de s'habiller comme un homme.	☐	☐
- La Hire est bourguignon.	☐	☐
- Le roi se trouve à Bourges.	☐	☐
- Jeanne est bien décidée.	☐	☐
- Jeanne invente ses visions.	☐	☐
- Jacques d'Arc est fâché contre sa fille.	☐	☐

2. Pose les questions pour les réponses suivantes.

a) ....
   Elle porte une robe rouge.

b) ....
   Elle s'appelle Zabilet.

c) ....
   Il est vigneron.

d) ....
   Il vient vérifier des voix qui courent dans le village.

e) ....
   Il est sans défense.

f) ....
   Il s'agit de La Hire et de ses soldats.

g) ....
   Elle est couchée dans la boue.

h) ....
   Parce qu'elle a eu des visions.

3. Réponds aux questions suivantes.

a) Quel est le caractère de Jeanne ?

....

b) Quelle est la réaction de ses parents devant les visions de leur fille ?

....

c) Qui est La Hire ?

....

d) Pourquoi Jeanne décide-t-elle de partir ?

....

e) Dans quelle situation se trouve le village de Domrémy ?

....

f) Quel message Jeanne apporte-t-elle à Robert de Baudricourt ?

....

g) Que répond celui-ci ?

....

h) Qui accompagne Jeanne ?

....

4. Complète les phrases par les adjectifs et pronoms possessifs qui conviennent.

a) Puis-je prendre .... vélo ? Non, j'en ai besoin.

b) Je vais voir .... parents tous les week-ends.

c) Apporte-moi .... magnétoscope ! Le .... ne marche plus.

d) Ils m'ont présenté .... amis canadiens.

e) L'État doit protéger .... citoyens.

f) Attends-la dans le salon ! Elle prend .... douche.

g) Si tu n'as pas de chaussures de montagne, je peux te prêter les ....

h) Ils voulaient me montrer .... nouveaux meubles, mais j'étais très pressée.

i) Va chez ce pâtissier, ... éclairs sont exquis.

j) Comme nous n'avions plus de voiture, ils ont insisté pour nous donner la ....

5. Attribue à chaque personnage les adjectifs qui le qualifient, puis fais-en une description.

> hospitalier, courageux, joli, visionnaire, sévère, préoccupé, charitable, dédaigneux, moqueur, bizarre, pessimiste, vulgaire, têtu, bon cuisinier, travailleur, tendre, rude

Jeanne d'Arc ....

....

Zabilet ....

....

Jacques d'Arc ....

....

Frère Martin ....

....

Robert de Baudricourt ....

....

6. Forme des adverbes finissant en -ment à partir des adjectifs ci-dessous.

grand ....

poli ....

doux ....

commode ....

continu ....

prudent ....

certain ....

heureux ....

1. Associe chaque personnage à sa fonction, puis écris s'il est du côté anglais ou français.

a) Robert de Baudricourt
b) Bedford
c) Jean de Metz
d) Frère Martin
e) Salisbury
f) Le Dauphin Charles
g) Dunois
h) La Hire
i) Régnault de Chartres
j) Yolande d'Aragon

- capitaine de Vaucouleurs
- capitaine qui met le siège à Orléans
- capitaine de Robert de Baudricourt
- régent de France
- régent d'Orléans
- moine
- compagnon d'armes de Jeanne d'Arc
- futur roi de France
- belle-mère de Charles VII
- archevêque de Reims

Côté anglais : ....
....
Côté français : ....
....

Et maintenant sépare les deux factions.
Bourguigons, Écossais, Anglais, Français.

2. Complète les phrases par *c'est* ou *il est*.

a) .... une belle journée.
b) .... devenu avocat le mois dernier.
c) .... un des meilleurs avocats de la ville.
d) Quel jour sommes-nous ? .... dimanche.
e) .... possible qu'il vienne nous voir demain.
f) .... un lac splendide.

3. Transforme le discours direct en discours indirect.

a) " Je vous attendais ", dit la reine Yolande à Jean de Metz.

....

b) " Je vous l'ai promis ", répondit Frère Martin.

....

c) " Veux-tu venir au cinéma ? " demanda Julie.
" Volontiers ", répondit Pascal.

....

d) " Rentrez ! " cria le commandant.

....

e) " Elle a beaucoup changé ", s'exclama-t-il.

....

f) " Ne croyez pas à ce qu'il dit, il ment comme il respire" dit Claire à ses amis.

....

g) " Je me suis promené dans le parc ", a raconté Jules.

....

h) " Mes parents arriveront demain ", expliqua Fabrice.

....

4. Réponds aux questions suivantes.

a) Quel est le but de la rencontre entre la reine Yolande d'une part, Jean de Metz et Frère Martin de l'autre ?

....

b) Quelle est la prédiction dont parle Frère Martin ?

....

c) Quelle est la stratégie de guerre soutenue par Bedford ?

....

d) Que trouve Salisbury lorsqu'il arrive à Orléans ?

....

e) Quelles sont les inquiétudes des notables d'Orléans ?

....

f) Qu'annonce Régnault de Chartres ?

....

g) Pourquoi Jeanne d'Arc va-t-elle à Chinon ?

....

h) Quelles sont les quatre prédictions que Jeanne annonce quand elle se trouve à Poitiers ?

....

5. **Complète les phrases suivantes par *en* ou *y*.**
a) Es-tu prête ? J'...... suis.
b) Voulez-vous du gâteau ? Oui j'...... veux bien une tranche.
c) Je ne suis pas encore passé à la Poste, mais je vais ...... aller plus tard.
d) Pierre va au supermarché; moi, j'...... reviens.
e) Connais-tu Grenoble ? J'...... suis allé l'été dernier.
f) Je n'...... peux plus de ses histoires.
g) Vous ne m'avez pas vu ? Pourtant j'...... étais.
h) Quand on s'......... est mis, il faisait déjà nuit.

Chapitres 14-18

1. **Vrai (V) ou faux (F) ?**

	V	F
a) Georges de La Tremoille est un personnage douteux.	❏	❏
b) Jeanne a une armure blanche et un cheval noir.	❏	❏
c) Jeanne n'arrive pas à s'imposer.	❏	❏
d) Jeanne considère cette guerre comme une sorte de croisade.	❏	❏

e) Zabilet donne une bague à sa fille. ❏ ❏
f) À Orléans tout le monde attend les renforts. ❏ ❏
g) Jeanne signe par une croix. ❏ ❏
h) Jeanne prend part à l'assaut de la bastille de Saint-Loup. ❏ ❏
i) Jeanne est blessée par une flèche. ❏ ❏
j) Les habitants d'Orléans aident l'armée française. ❏ ❏

2. Mets les phrases suivantes à la forme négative.

a) Je veux vous poser une dernière question.

....

b) Dites-moi ce que vous savez !

....

c) L'avez-vous vu dernièrement ?

....

d) J'en voudrais encore.

....

e) Il nous a menti très souvent.

....

f) Ils y sont allés sans enthousiasme.

....

g) Elle va être en ville la semaine prochaine.

....

h) Manges-en !

....

3. Réponds aux questions suivantes.

a) Qui est Georges de La Tremoille ?

....

b) Qu'impose Jeanne à ses soldats ?

....

c) Qu'attend-on de Dunois ?

....

d) Pourquoi les soldats attendent une semaine à Orléans, avant de commencer la bataille ?

....

e) Que signifie pour Jeanne signer avec une croix ?

....

f) Quelle est la réaction de Jeanne lorsqu'elle est blessée ?

....

g) Que font les habitant d'Orléans pour aider les soldat français ?

....

h) Quel est le rôle de Frère Martin dans la bataille ?

....

4. Trouve l'intrus !

jument – poulain – poussin – étalon
étendard – nappe – bannière – drapeau
pistolet – revolver – fusil – sabre
baraque – bicoque – immeuble – taudis
bastille – tranchée – rempart – fort
confession – oraison –méditation – prière
cruel – féroce – louche – sanguinaire

5. Corrige ces phrases dont le sens est erroné.

a) Le cheval noir de Jeanne d'Arc s'appelle Pollux.

....

b) La Hire est un commandant anglais.

....

c) Gilles de Rais est le gouverneur d'Orléans.

....

d) Jeanne défend aux soldats d'emmener des jongleurs avec eux.

....

e) Frère Martin apprend à Jeanne à lire et à écrire.

....

f) Le fort des Tourelles se trouve à côté de Blois.

....

g) Les Français s'emparent d'abord des Tourelles, puis de Saint-Loup et enfin des Augustins.

....

h) Une fois blessée, Jeanne ne peut plus combattre.

....

6. Récris les phrases en remplaçant les mots en italique par un pronom personnel.

a) Je vais le dire *à mon frère*.

....

b) Ne parle pas de cette affaire *à tes parents* !

....

c) Je vois *ta fille* au bout de la rue.

....

d) Ils ont téléphoné *à Catherine et à moi*.

....

e) Tu peux appeler *Pierre* quand tu veux.

....

f) Elle explique la leçon *aux élèves*.

....

g) Elle gronde *ses élèves*.

....

h) J'aimerais savoir s'ils viennent avec *François et toi*.

....

Chapitres 19-25

---

1. Réponds aux questions suivantes.

a) Qui trame contre les intérêts français ?

....

b) Quelles conquêtes Jeanne accomplit-elle après la prise d'Orléans ?

....

c) Quelle est l'attitude de Charles face à la guerre ?

....

d) Pourquoi Philippe de Bourgogne est-il gêné par Jeanne ?

....

e) Qu'arrive-t-il à Jeanne pendant l'assaut aux remparts de Paris ?

....

f) Que se passe-t-il à Compiègne ?

....

g) À ton avis, pourquoi Jeanne n'entend-elle plus ses voix ?

....

h) Qui est Cauchon ?

....

2. Complète les phrases avec le participe passé des verbes entre parenthèses. Accorde si nécessaire.

a) Jeanne a été .... par le Dauphin. (recevoir)

b) La lettre qu'elle a .... est très dure. (envoyer)

c) Je les ai .... au café du coin. (rencontrer)

d) Je lui ai .... tout ce que je pensais. (dire)

e) La guerre est .... (finir)

f) Ils ne nous a pas .... (croire)

g) La tarte qu'elle a .... (faire) est délicieuse.

h) Ils ont été .... en prison. (conduire)

3. Écris à côté de chaque personnage un des termes ci-dessous qui lui convient.

> courageux, charitable, traître, louche, fidèle à Jeanne, las de la guerre, ennemi du roi de France, responsable de la mort de Jeanne

La Trémoille ....
Jeanne ....
Charles VII ....
Frère Martin ....
Cauchon ....
Régnault de Chartres ....
Jean d'Alençon ....
Philippe de Bourgogne ....

4. Mets les phrases suivantes au futur.

a) Je viens vous voir.

....

b) Ils nous tendent un piège.

....

c) Elle suit le chemin pour Paris.

....

d) Vous ne me donnez pas votre avis.

....

e) Il comprend votre point de vue.

....

f) Jeanne meurt avec courage et dignité.

....

g) Il vit dans la détresse.

....

h) Il se bat souvent.

....

5. Réponds aux questions concernant le discours final de Cauchon.

a) Quel rôle Cauchon a-t-il dans la condamnation de Jeanne d'Arc ?

....

b) Dans quel but Jeanne a-t-elle été condamnée ?

....

c) Comment Cauchon considère-t-il Jeanne d'Arc ?

....

d) Pourquoi ne veut-il pas la livrer aux Anglais ?

....

e) Quel sont ses doutes sur Jeanne ?

....

f) Pourquoi le peuple a-t-il soutenu Jeanne ?

....

g) Quelle sont les reproches que Cauchon fait à Jeanne ?

....

h) Comment son monologue termine-t-il ?

....

6. **Charades - La charade se compose de définitions qu'il faut trouver et qui, une fois réunies, donnent la solution. Ex. Mon premier est une sorte de souris (= rat), mon deuxième se trouve dans la partie postérieure du corps (= dos). Mon tout peut sauver les naufragés (rat+dos= radeau).**

a) Mon premier sent mauvais.
   Mon deuxième est un pronom démonstratif féminin.
   Mon tout est un surnom.

....

b) Mon premier est la partie du corps où se trouve la colonne vertébrale.
   Mon deuxième est le contraire de début.
   Mon tout est Charles.

....

1. Réponds pour réfléchir !

a) Est-ce que le fait de n'avoir pas accepté le vêtement de femme a été déterminant pour l'exécution de Jeanne ? Pourquoi ?

....

....

b) Est-ce que le sexe de la condamnée, ici, a été déterminant ? Pourquoi ?

....

....

c) Donne le nom des personnages que tu retiens responsables de la mort de Jeanne !

....

....

d) Lequel est selon toi le plus reprochable et pourquoi ?

....

....

2. Réponds pour récapituler !

a) Qui est Jeanne d'Arc ?

....

....

b) Comment décide-t-elle de partir ?

....

....

c) Comment est-elle accueillie par les hommes d'armes ?

....

....

d) Qui lui fait d'abord confiance ? Pourquoi ?

....

....

e) Qui ne lui fait pas du tout confiance ? Pourquoi ?

....

....

f) Est-ce que le roi lui donne raison ? Et quand ?

....

....

g) Jeanne connaît de personnes importantes à la cour et dans les villes qu'elle parcourt. Lesquelles ?

....

....

h) Jeanne passe par différentes ville françaises. Lesquelles ? Pourquoi ?

....

....

i) Pourquoi est-il si difficile d'attaquer les assiégeants d'Orléans ?

....

....

j) Quelles sont les victoires et quelles sont les défaites pour l'armée du Dauphin ?

....

....

k) Que se passe-t-il après le sacre ?

....

....

l) Pourquoi le roi et ses conseillers ne veulent-ils plus faire la guerre ?

....

....

m) Quel importance a l'argent et le pouvoir ?

....

....

n) Qui sont les ennemis contre qui Jeanne doit combattre ?

....

....

o) Pourquoi l'Église et ses représentants ont-t-ils leurs mots à dire ?

....

....

p) Comment Jeanne est-elle faite prisonnière ?

....

....

q) Comment se comporte-t-elle pendant le procès ?

....

....

r) Qui est le personnage le plus redoutable parmi ses accusateurs ?

....

....

3. Réponds ! Vrai (V) ou Faux (F) ?

	V	F
- Jeanne rend visite à la reine Yolande d'Aragon avec Pierre de Pourcy.	❏	❏
- Jean de Metz fait partie de l'escorte qui part pour Chinon.	❏	❏
- Jeanne rencontre le roi à Blois.	❏	❏
- À Poitiers Jeanne doit être examiné par un conseil de l'université de Paris.	❏	❏
- Le chambellan La Trémoille accueille Jeanne les bras ouverts.	❏	❏
- La Hire est un brave capitaine mais il a des manières plutôt grossières.	❏	❏
- Jeanne abjure et on la condamne à la prison à perpétuité.	❏	❏

4. **Relève toutes les dates relatives à la vie de Jeanne et reconstruis l'histoire chronologiquement.**

1412 naissance de Jeanne d'Arc

....

....

....

....

5. **Pour exercer un peu ton vocabulaire, cherche dans le texte les mots relatifs à l'habillement.**

....

....

6. **L'habit ici est une question fondamentale. Pourquoi ?**

....

....

7. **On parle également beaucoup d'armes : quelles sont les armes qui existent encore et celles qui n'existent plus ?**

....

....

TABLE DES MATIÈRES